# Herzlichen Glühstrumpf zur Witzesammlung

Ausgewählte Witze aus verschiedenen Lebensbereichen gesammelt in den letzten 30 Jahren.
Das Ansinnen des Autors sollte sein, die Lachmuskeln zu strapazieren.

Charakteristisch ist, dass Witze meistens Vorurteile, Ängste oder Tabuthemen aufgreifen, von gesellschaftlichen Minderheiten handeln oder menschliche Schwächen thematisieren; der Witz berührt alle Arten von menschlichen Schwächen.
Witze mit Vorurteilen befassen sich mit Frauen- oder Männerthemen, Rauchern (jeweils von der anderen Gruppe thematisiert) oder Personen mit körperlichen/geistigen Gebrechen. Zu den in Witzen vorkommenden Minderheiten gehören insbesondere Ostfriesen, Türken, Amerikaner, Juden, Polen, Ossis/Wessis, Politiker oder Blondinen. Diese sozialen Gruppen werden in Witzen stigmatisiert, die Vorurteile

gegen sie verfestigt. Auf diese Weise können nach Sigmund Freud mit einem Tabu versehene oder unbewusste Inhalte in einer gesellschaftlich akzeptierten Form dargestellt und ausgedrückt werden.

Der Witz an sich lebt von der Vorstellungskraft und der Phantasie. Der „Höhepunkt" eines Witzes ist die Pointe des Witzes und beschreibt eine Szene, welche an dieser Stelle nicht erwartet wurde. Mit der Pointe endet der Witz abrupt, jedes weitere Wort wäre zu viel.

Deutschland wurde vom Lachlabor als humorvollstes Land ermittelt, da die Deutschen über die meisten Witze lachen konnten. Im Gegensatz zu den meisten anderen Nationen hatten sie keine Vorliebe für eine bestimmte Art von Witzen.

Viel Spaß beim Lesen und beim Weitererzählen!

# Witzesammlung

## Inhaltsverzeichnis

© Anton Schwaiger
3. Auflage März 2017
Herstellung und Verlag:
BoD – Books on Demand, Norderstedt.
ISBN 978-3-8423-5739-6

# Der Alkohol macht die Birne hohl

In der Wirtschaft schläft ein Mann am Tisch. Die Bedienung weckt ihn auf. „Zahlen bitte!" Ok, er bezahlt und schläft weiter. „Warum haben die den Mann eigentlich aufgeweckt?" fragt ein Gast. Bedienung: „Das ist mein bester Kunde, immer wenn er aufwacht, bezahlt er!"

Ein Betrunkener steigt in die U-Bahn ein und setzt sich hin. Er sagt zu der ihm gegenüber sitzenden Frau: „Mensch, bist du hässlich!" Daraufhin erbost sich die Frau und sagt: "Unverschämtheit, du bist ja Besoffen!" Antwortet er: "Ja, das stimmt, aber morgen bin ich wieder nüchtern!"

Ein Mann isst einen Kartoffelsalat. Im Magen kommt Flüssigkeit dazu. Der Kartoffelsalat fragt: „Wer bist Du denn?" „Ich bin ein Obstler". „Wer hat den bezahlt?" „Herr Meier, sitzt mir gegenüber." Es kommt wieder eine Ladung. „Wer bist Du denn?" „Ich bin ein doppelter Dornkaat." „Wer hat den bezahlt?" „Herr Meier." „Jungs, geht zur Seite den Meier muss ich mir mal *anschauen."*

*Ein altes Mütterchen kommt in die Disco mit einem Papagei auf der Schulter. Sie stellt sich mitten auf die Tanzfläche und schreit: „Wer mir sagen kann, was das für ein Tier ist, darf mit mir schlafen." Totenstille in der Disco. Das Mütterlein wiederholt ihre Ansage. Nach einer Weile ruft ein Besoffener aus dem Hinterhalt: „Das ist ein Krokodil!"*
*Mütterchen: „Das lasse ich gerade noch gelten!"*

---

„Wenn ich abends etwas schwankend nach Hause komme, dann kocht meine Frau vor Wut!" „Du hast es gut, meine Frau lässt mich hungern!"

---

Zwei Männer trinken einige Whiskey an der Bar des Empire State Building.
Auf einmal dreht sich der eine zum anderen hin und sagt: „Wissen Sie, letzte Woche habe ich herausgefunden, wenn man von hier oben runterspringt, fegt in Höhe des 10. Stockwerks so ein Wind, dass man um das Gebäude in das Fenster der 10. Etage geschleudert wird." Da meint der andere: „Also Sie sind mir vielleicht ein Spinner."
Der Barkeeper schüttelt auch nur abwertend den Kopf und wischt den Tresen ab. „Nein" meint der andere, „ich kann es Ihnen beweisen."
Er geht aus der Bar raus auf den Balkon und stürzt nach unten. Als er in Höhe des 10. Stocks

vorbeifliegt, herrscht dort so ein heftiger Wind, der ihn ums Gebäude ins Fenster bläst. Mit dem Aufzug oben in der Bar wieder angekommen steht der andere mit offenem Mund da und kann es nicht glauben. „Ich hab es mit meinen eigenen Augen gesehen, doch das kann nur Zufall gewesen sein".

„Nein, " sagt der Andere, „ich mach es noch mal". Wieder geht er raus, springt vom Balkon und stürzt Richtung Asphalt.

Im 10. Stock bläst Ihn der Wind wieder vorsichtig ums Gebäude ins Fenster rein. Oben angekommen drängt er den anderen es doch auch mal zu probieren. Voll entschlossen geht er nach draußen, springt vom Balkon und stürzt nach unten.

Er fliegt am 11., 10., 9., 8.Stock vorbei und schlägt mit riesiger Wucht auf den Gehweg ein. Mausetot. Da dreht sich der Barkeeper zu dem anderen um und sagt, „Weißt du Superman, du bist wirklich ein Arschloch, wenn Du gesoffen hast".

**Als erstes schuf Gott den Mann. Begeistert vom guten Gelingen schenkte er ihm die Frau. Dann tat ihm der Mann leid und er gab ihm den Alkohol!**

> „Du, ich habe wieder eine Frau gefunden; hübsch,
> attracktiv, einfach super! Nur sie hat einen Fehler, sie
> treibt sich in Kneipen rum."
> „Oh, Probleme mit Alkohol?" „Nein, sie sucht mich!"

*Ein Mann hat in der Wirtschaft etwas über den Durst getrunken.*
*Er prostet zum Tisch nach links: „Prost ihr Ehebrecher!" Dann*
*prostet er zum Tisch nach rechts: „Prost ihr Arschlöcher!" Keine*
*Reaktion.*
*Nach einer Weile wiederholt er sein Prosit zum Tisch nach links:*
*„Prost ihr Ehebrecher" und zum Tisch nach rechts: „Prost ihr*

*Arschlöcher."*
*Ein erboster Mann vom linken Tisch steht auf: „Das verbiete ich*
*mir; ich bin 30 Jahre lang verheiratet und bin kein einziges Mal*
*fremd gegangen!"*
*„Dann geh doch rüber zu den Arschlöchern."*

> Der Doktor rätselt: „Es ist schwer zu sagen, was sie haben –
> aber wahrscheinlich liegt es am Alkohol"!
> „Macht nichts, Herr Doktor. Dann komme ich wieder, wenn
> sie nüchtern sind!"

Ein Mann kommt spät abends aus seiner
Stammkneipe nach Hause. Durch den Lärm
wacht seine Frau auf und fragt ihn was er denn für
einen Lärm macht.

Er: „Die Schuhe sind umgefallen." Sie: „Das macht doch nicht so einen Krach." Er: „Ich stand noch drin."

**Die Frau wundert sich über den nächtlichen Krach vor dem Hause. Sie geht vor die Türe: „Wenn nicht gleich augenblicklich Ruhe herrscht, hole ich meinen Mann, dann könnt ihr was erleben!"**

**Antwort: „Dazu müssten wir ihn aber erstmals ins Haus bekommen."**

> *Wenn ich nachts von der Wirtschaft nach Hause komme, brauche ich nur sagen: „Grüß Gott Frau ... alles andere sagt Sie."*

*Der Mann wird um 3 Uhr morgens von der Polizei aufgehalten. „Wo fahren sie jetzt um diese Zeit noch hin?" „Ich fahre zu einem Vortrag über die Folgen von übermäßigem Alkoholgenuss."*
*„Wo findet das um diese Zeit noch statt?" „Bei meiner Frau, wenn ich jetzt nach Hause komme!"*

**Mann kommt spät nachts nach Hause. Er holt sich einen Stuhl und setzt sich ans Bett seiner Frau. Die Frau wacht auf: „Was soll denn**

das?" „Ich möchte in der ersten Reihe sitzen, wenn
das Theater losgeht."

„Im Bier und im Schnaps befinden sich
weibliche Hormone! Immer wenn ich viel Bier und
Schnaps trinke, rede ich wirres Zeug und kann nicht
mehr Autofahren."

Ein Mann kommt in die Kneipe und sagt: „Ein Bier, bevor es
wieder losgeht!" Er bekommt sein Bier und schluckt es rasch
hinunter und sagt: „Noch ein Bier, bevor es wieder losgeht!"
Er bekommt sein zweites Bier und sagt: „Und noch ein Bier,
bevor es wieder losgeht!"
Fragt ihn der Wirt: „Kannst du überhaupt bezahlen?"
Der Mann stöhnt: „Ich hab es doch gewusst, jetzt geht das
schon wieder los!"

Sagt der eine Mann zum anderen:
„Kennst Du den Unterschied zwischen fünf
Viertel Rotwein und 5 Viagra Tabletten?" „Nein"
„Wenn ich fünf Viertel Rotwein getrunken habe,
habe ich so einen sitzen, dass ich nicht mehr stehen
kann!"

Nach einem Kneipenbesuch lädt Max seinen Kumpel Gerd noch zu einem letzten Bier nach Hause ein. Max: „Geh schon mal in die Küche, ich hole schnell Bier vom Keller." Gerd kommt am Schlafzimmer vorbei und sieht die Frau von Max mit einem Liebhaber. Sofort erzählt Gerd den Vorfall. Max: „Nicht so laut, ich habe nur noch zwei Bier!"

Mann kommt besoffen aus der Wirtschaft und läuft direkt in einen Radfahrer. Nach einer Weile rappelt sich der Mann auf und sagt: „Tschuldigung, Iich hab siee überhaupt nicht gesehn".
Rappelt sich nach einer Weile der Radfahrer wieder auf und sagt: „Macht niicht's, ich wär eh grad umgefallen".

Rudi muss noch schnell Schnecken für die Sylvesterparty einkaufen. Auf dem Nachhauseweg geht er in seine Stammkneipe auf ein Bierchen.
Bis er sich umsieht, sind 3 Stunden vergangen. Zu Hause angekommen postiert er die Schnecken in zweier Reihen vor der Haustüre.
Die Frau öffnet die Türe und Rudi: "So, jetzt aber hopp, nur noch ein paar Schritte und wir sind zu Hause."

Ein Betrunkener schwankt im Winter den Gehweg entlang, wischt mit dem Arm über jedes mit Schnee bedeckte geparkte Fahrzeug und sagt: „Nicht mein Auto!" Da fragt ein Passant: „Wie erkennen Sie auf diese Weise Ihr Auto?" Der

*Betrunkene lallt: „Auf meinem ist ein Blaulicht!"*

Der Josef kommt wieder sternhagelblau von der Spätschicht nach Hause. Wie es so geschieht, erwischt er seine Frau inflagranti mit einem dunkelhäutigen auf der Wohnzimmercouch. In seinem Rausch ist es ihm egal und er brummt: „Jetzt hab ich es schwarz auf weiß!"

# *E*in Witz für alle Fälle

Die eine Arschbacke zur anderen: „Wir sind beinahe 25 Jahre zusammen. Wollen wir nicht heiraten?" Die andere: „Nö, wir trennen uns ja sowieso wegen jedem Scheiss."

Allgemein

Was bekommt ein Holländer, wenn er dreimal durch die Führerscheinprüfung gefallen ist? - Ein gelbes Nummernschild!

„Ich wurde aus dem Töpferkurs geschmissen!" „Warum denn das?" „Ich habe mich im Ton vergriffen!"

Ein Mann sitzt auf einer öffentlichen Toilette. Plötzlich hört er eine Stimme in der Kabine neben ihm:
„Wie geht's?"
Mann: „Ganz gut".
Stimme: „Was machst du gerade?".
Mann (leicht genervt): „Sitze hier auf der Toilette, so wie Sie auch."
Stimme: „Was machst du heute noch?"
Mann (gereizt): „Ich scheiße mich aus und gehe dann weiter einkaufen."

*Stimme: "Kann ich rüber kommen?"*
*Mann (wütend): „Um Gottes Willen. Jetzt hören Sie bitte auf, sonst rufe ich die Polizei!"*
*Stimme: „Kann ich dich gleich zurückrufen. Hier ist so ein komischer Typ in der Kabine neben mir, der die ganze Zeit unser Telefonat stört."*

---

**Der Dompteur zeigt mit seinem Krokodil Kunststücke. Zum Höhepunkt hält der Dompteur seinen Schniedel in das Maul des Krokodils und haut dem Krokodil kräftig auf die Augen. Sofort schnappt das Krokodil zu. Nach einiger Zeit macht es das Maul wieder auf und der Schniedel ist noch heil.**
**Der Dompteur ruft ins Publikum: „Wer will das auch mal probieren?"**
**Nach einiger Zeit steht eine alte Oma auf und ruft:**
**„Ich mach es, aber nur wenn sie mir nicht so fest auf die Augen schlagen!"**

---

Was ist schlimmer, als einen Wurm im Apfel zu finden?
Einen halben Wurm im Apfel zu finden!

---

*Kurz vor Feierabend ruft der Ruderbootverleiher über Megaphon alle Boote zurück. Sie kommen zum Anleger, nur eines fehlt. „Nummer 98, bitte kommen sie", ruft der Verleiher. Keine Reaktion. Er schaut durchs Fernglas, ruft dann: „Nummer 86, haben Sie ein Problem...?"*

*Neulich im Restaurant bekam ich ein Gericht, dem die Würze fehlte. Ich bat den Ober um etwas Salz und Pfeffer.*
*Er griff in die linke Hosentasche und streute etwas Salz aus seinen Fingern. Er griff in die rechte Hosentasche und holte Pfeffer heraus.*
*Wollte gar nicht mehr wissen, woher er den fehlenden Senf bekommt!*

---

Die vier Lieblingsflüsse eines Schwulen:
„Rhein, Inn, Main, Po"

---

Ein Motorbootfahrer übersah mit seiner Freundin einen Surfer und überfuhr ihn. Das Gewissen meldete sich und er drehte um, um den Surfer zu retten. Er tauchte vergeblich. Nach der erneuten Aufforderung zu tauschen wurde er fündig und zog den Verunglückten ins Boot. Bei der ersten Mund-zu-Mund-Beatmung stellte er fest, dass dieser so aus dem Mund stank. Die Freundin bestand darauf, dass er nochmals den Versuch machen sollte, schließlich hat er den Unfall verursacht. Der Körper war schon ganz grün und blau und er stank ganz erbärmlich aus dem Mund.
Die Freundin bemerkte: „Du, der hat ja noch Schlittschuhe dran."

---

*Der Großbauer überlegt den Abschluss einer Versicherung. Er fragt den Agenten: „Wenn der Hof morgen abbrennt, bekomme ich die Million?"*
*Darauf der Agent: „Sicher, vorausgesetzt, sie zünden den Hof nicht selber an."*
*Der Bauer legt die Feder nieder und erwidert: „Ich hab´s ja gleich gewusst, dass hier irgendein Haken an der Sache ist."*

Ein Bayer fährt eine sehr dicke Frau mit seinem Moped an und stürzt.
„Können sie nicht aufpassen und anständig um mich rumfahren?" schreit sie ihn an.
„Entschuldigen Sie!", erwidert er, „ich hatte Angst, dass mir das Benzin nicht reicht!"

In einer Firma werden fünf Kannibalen als Programmierer angestellt. Bei der Begrüßung sagt der Firmenchef: „Ihr könnt hier arbeiten, gutes Geld verdienen aber zum Essen geht ihr in die Kantine – lasst also die anderen Mitarbeiter in Ruhe!"

Nach vier Wochen kommt der Firmenchef wieder und sagt: „Ihr arbeitet sehr gut. Allerdings fehlt uns eine Putzfrau, wisst ihr, was aus der geworden ist?" Die Kannibalen antworten alle mit nein und schwören, dass sie mit der Sache nichts zu tun haben.

Als der Firmenchef wieder weg ist, fragt der Boss der Kannibalen: „Wer von euch Idioten hat die Putzfrau gefressen?" Meldet sich hinten der letzte ganz kleinlaut: „Ich war es." Sagt der Kannibalen-Boss: „Du Idiot, wir ernähren uns seit vier Wochen von Teamleitern, Abteilungsleitern und Projekt-Managern – keiner hat etwas gemerkt – und du Depp musst die Putzfrau fressen ...!"

Der Unterschied zwischen 300 Jahre USA und 3 Monate alten Joghurt?

16

*Beim Joghurt haben sich Kulturen gebildet!*

---

Ein Feuerwehrmann rennt die Straße entlang. Da hält ihn ein Mann auf und fragt: „Wohin des Weges, du Mann des Feuers?". Der Feuerwehrmann antwortet: „Zum Herd des Brandes, du Loch des Arsches!"

---

*Was sagt ein Holländer zu einem Stück Holz? „Holzschuh!"*

---

**Kannibale bei der Partnervermittlung:**
**„Ich hätte gerne eine Dame nach meinem Geschmack!**

---

*Hermann zu seinem Freund: „Was machst du eigentlich gegen deine Schlafstörungen?" „Ich zähle bis drei!"*
*„Wie, und das hilft?"*
*„Ja, aber manchmal zähle ich auch bis halb vier."*

---

**Warum werden eigentlich die Zivildienstleistenden oft auch „Drückeberger" genannt"?**
**Wenn Oma drückt, muss der Zivi es bergen!**

Anlässlich seines 95. Geburtstags wird ein greiser Herr im
Altersheim für einen Bericht in der Lokalzeitung
interviewt.
Reporter: „Wie fühlen Sie sich in Ihrem Alter und in dieser
Umgebung?" Greis: „Danke, sehr gut."
Reporter: „Wie sieht denn hier Ihr Tagesablauf aus?"
Greis: „morgens - erst einmal Pinkeln!"
Reporter: „Und dann?" Greis: „Stuhlgang!"
Reporter: „Und, wie geht es dann weiter?"
Greis: „Nun ja, dann stehe ich auf."

*Der Metzgermeister macht sich Gedanken über seinen dummen Sohn. Er sagt zu seiner Frau: "Wenn wir beide einmal nicht mehr sind, dann ist unser Sohn einfach hilflos auf der Welt. Ich baue ihm ein Hilfsmittel für die Metzgerei." Als er fertig ist, sagt er zu seinem Sohn: „Schau hier habe ich eine Maschine bauen lassen, da schiebst du auf der einen Seite einen Ochsen hinein und auf der anderen Seite kommen die Würstchen raus."*

*„Ja Super", sagt der Sohn, „aber geht das nicht auch umgekehrt, dass man ein Würstchen reinsteckt und auf der anderen Seite kommt ein Ochse*

raus?" „Nein", sagt der Vater. „Die Maschine kann das nicht, das kann nur deine Mutter."

---

Zwei Schwule unterhalten sich, sagt der eine: „Du, gestern ist mit ein Kondom geplatzt!" „Was im ernst!" „Nein im Dieter!"

---

Wie heißt ein holländischer Selbstmörder?
Van der Brück!

---

Ein Manager kommt jeden Tag auf dem Weg zur Arbeit am Stammplatz eines Obdachlosen vorbei. Dabei wirft er ihm immer einen Euro in den Hut. Eines Tages gibt er dem Bettler nur noch 50 Cent. „Hey Chef – was ist los", will der wissen. „Mein Sohn geht jetzt auf die Uni, da muss ich sparen", sagt der Manager. „Unerhört!" murmelt der Bettler, „lässt den Sohn auf meine Kosten studieren".

---

Der Arsch und das Zipferl sterben und kommen in das Paradies. Vom Petrus bekommen sie eine Einweisung wo sie sich aufhalten und spazieren gehen dürfen.
Nach zwei Tagen beschwert sich der Arsch beim Petrus: „Ich halte es nicht mehr aus, immer ist das Zipferl an meiner Seite und berührt mich von hinten! Kann man da nichts dagegen machen?"
Petrus: „Weißt du was, ich verzaubere dich in einen Vogel, dann kannst du fliegen, wohin du möchtest." Gesagt, getan. Der Vogel fliegt

*in den nächsten Baum. Kurz darauf kommt das Zipferl vorbei und sieht zum Baum hoch. „Du bist doch der Arsch!" „Nein, ich bin ein Vogel!" „Ich kenn dich doch, du bist der Arsch!" „Nein, siehst du das nicht, mein Federnkleid und den Schnabel!" „Doch, du bist der Arsch – pfeif doch ein Mal!" „pfrrrrrrrrrrr (Pfurz)!"*

Fressen zwei Kannibalen einen Clown. Meint der eine: „Schmeckt aber komisch..."

Ein Mann kommt in die Bank und geht an einen Schalter. Eine durchgestylte, arrogant blickende Bankangestellte bedient ihn.
Sie: „Guten Tag, was kann ich für Sie tun?" Er: „Ich will ein Scheiß-Konto eröffnen." Sie: „Wie bitte? Ich glaube, ich habe Sie nicht richtig verstanden!" Er: „Was gibt es da zu verstehen, ich will in dieser Drecksbank einfach nur ein beschissenes Konto eröffnen." Sie: „Entschuldigen Sie, aber Sie sollten wirklich nicht in diesem Ton mit mir reden." Er: „Hör zu Puppe, wenn ich mit dir reden will, dann sag ich das... Heute will ich aber bloß ein stinkendes scheiß Konto eröffnen." Sie: „Ich werde jetzt den Manager holen..." Sie rennt weg. Weiter hinten sieht man Sie dann aufgeregt mit einem gelackten Schlipsträger tuscheln, der daraufhin seine Brust schwellt und erhobenen Hauptes mit der Schalter-Angestellten im Schlepptau auf den Mann zugeht.
Manager: „Guten Tag der Herr, was für ein Problem gibt es?" Er: „Es gibt kein verdammtes scheiß Problem, ich habe nur 16 Millionen Euro im Lotto gewonnen und will dafür hier ein verficktes Konto eröffnen!" Manager: „Aha, und diese dumme Schlampe hier mit den viel zu kleinen Titten macht Ihnen Schwierigkeiten...?"

*Katrin Krabbe geht zum Arzt: „Herr Doktor, seit Doping in DDR-Zeiten gemacht wurde, wachsen mir Haare auf der*

Brust!" Der Arzt: „Wie lange sind denn eigentlich die Haare?" Krabbe: „Sie reichen bis zum Sack!"

> Warum glauben Leute sofort, wenn man ihnen sagt, dass es am Himmel 400 Billionen Sterne gibt, aber wenn man ihnen sagt, dass die Bank frisch gestrichen ist, müssen sie drauf patschen?

Kommt ein kleiner Junge in den Spielzeugladen. Ganz sehnsüchtig sieht er zu einem Teddybären hoch. Da fragt ihn die Verkäuferin mit Blick zu den Teddybären: „Soll ich dir einen runterholen?" Junge: „Na gut, wenn ich einen Teddy dafür kriege?"

> Als das Zifferblatt des Doms neu gestrichen werden soll, beauftragt der Malermeister seinen Lehrling mit der Arbeit. Als er abends kontrolliert, hat dieser fast noch nichts getan. Er entschuldigt sich: „Immer, wenn ich anfangen möchte, kommt der blöde Zeiger und schlägt mir den Pinsel aus der Hand!"

Der erboste Chef zur Sekretärin: „Den Kreitmeier, den schmeiß ich raus!" „Aber warum denn?" „Er hat gesagt, ich *sei ein Idiot."*

*„Ach darauf brauchen sie nichts zu geben. Der hat doch keine eigene Meinung, der plappert nur nach, was alle anderen auch sagen!"*

---

*Unterschied zwischen Jesus und einem Holländer:*
*Jesus machte aus Wasser Wein –*
*Holländer machen aus Wasser Tomaten!*

---

In der Stammtischrunde sagt einer: „Bei uns am Tisch sitzt einer, der ist vom anderen Ufer!" „Wer ist denn das?" „Wenn du mir einen Kuss gibst, dann sage ich es dir!"

 **Treffen sich zwei Unterhosen in der Waschmaschine.**
**Sagt die eine: „Warst du auf Urlaub?" „Nein, wieso?" „Weil du so braun bist!"**

---

*Was heißt Geschlechtsverkehr aus chinesisch: „Ding in Ding!" Wenn sich zwei Lesben lieben: „Ding an Ding!" Wenn sich zwei Schwule lieben: „Ding in Dung!"*

---

Ein Mann stirbt und klopft an die

Himmelspforte. Petrus öffnet und fragt: „Warst du jemals in deinem Leben ungerecht?" „Na ja, ich war Fußball-Schiedsrichter" meint der Mann. „Beim Spiel Italien – Spanien habe ich den Italienern einen Elfmeter zugesprochen. Das war nicht richtig. "Wie lange ist das nun her?" „Etwa 30 Sekunden!"

---

*Egon Krenz und Erich Honecker sitzen neben einem schwarzen Abgeordneten, der als Abgesandter seines Landes die DDR besucht. Egon Krenz versucht lächelnd ein Gespräch anzufangen. Beim Essen am Bankett sagt er zu dem Schwarzen: „Ham Ham gut?" Der Schwarze lächelt zurück und nickt. Egon prostet ihm zu und sagt: „Schluck-Schluck gut?" Der Schwarze lächelt wieder und nickt Egon Krenz freundlich zu. Nach dem Essen hält der Schwarze eine halbstündige Rede im perfekten Deutsch. Dann kommt er zu seinem Platz neben Krenz und Honecker zurück und sagt zu Krenz: „Bla bla gut?"*

---

Der Inhaber einer Kamelherde macht sich Sorgen. Seine Taxi-Kamele schaffen es nicht über die lange Strecke durch die Wüste. Er geht zur Konkurrenz und versucht einen Tipp zu bekommen.

Der Konkurrent: „Ich habe eine Kamelwerkstatt. Schiebe einfach mal dein Kamel rückwärts in die Garage!" Er lässt das Kamel Wasser aufnehmen bis es nicht mehr kann, nimmt zwei Ziegelsteine und geht hinter das Kamel zwischen die Beine und schlägt mit den Ziegelsteinen auf die Eier. Das Kamel macht einen Riesenschluck Wasser und geht ab wie eine Rakete. „Das Kamel hat jetzt so viel Wasser geschluckt, das es locker über die Wüste reicht."

„Und wie komme ich jetzt zu meinem Kamel?" „Gehe mal langsam rückwärts in die Garage!"

---

*Was ist der Unterschied zwischen einen Chemiker und einer Hebamme? Der Chemiker sagt: „$H_2O$" – die Hebamme: „Oha zwei!"*

---

Sitzt ein junger Mann im Bus. Plötzlich tippt ihn von hinten eine Oma an und fragt ihn, ob er Haselnüsse mag. Er bejaht und sie drückt ihm ein paar Haselnusskerne in die Hand. Nach ein paar Minuten das gleiche Spiel. Zwei Haltestellen später wieder das gleiche... Schließlich fragt der junge Mann: „Sagen sie mal, wo haben sie denn die ganzen Haselnüsse her und warum essen sie die nicht alleine?" Darauf die Oma: „ich esse so gerne ‚Ferrero Küsschen', aber die Haselnüsse kann ich einfach nicht mehr beißen..."

---

Was macht ein Holländer, wenn er gerade die Fußball-Weltmeisterschaft gewonnen hat? Er schaltet die Playstation aus und geht ins Bett.

---

*Lehrerin in der Schule: „Jeden Tag eine gute Tat und ihr habt ein gutes Gewissen!" Meldet sich der Sebastian: „Ich habe einer alten*

Frau beim Einkaufen die Einkaufstüte abgenommen." „Sehr schön", sagt die Lehrerin. Steht Werner auf: „Ich habe einer alten Dame über die Straße geholfen." „Super", sagt die Lehrerin. Meldet sich der Richard: „Wir wohnen am Bahnhof und ich habe gestern den Hund von der Leine genommen." Lehrerin: „Aber was hat das mit einer guten Tat zu tun?" „Zwei ältere Damen sind zum Zug gegangen und ich habe schon gehört, wie der Zug anrollt. Wenn ich den Hund nicht von der Leine genommen hätte, hätten die Damen den Zug nicht erwischt!"

Ein Kunde holt seinen nagelneuen BMW in München selber ab. Nach dem obligatorischen Blumenstrauß und der Einweisung macht er sich nach Hause Richtung Norden. Nach einer Weile Autobahn traut er sich immer mehr zu. Im Altmühltal wird ihm eine Kurve doch zum Verhängnis. Er kommt von der Straße ab und überschlägt sich dreimal. Ein hinter ihm fahrender Autofahrer hält sofort an und leistet Erste Hilfe. Der Fahrer kommt zu Bewusstsein, blutüberströmt und fängt an zu lamentieren: „Mein nagelneues Auto – 70.000 Euro in den Sand gesetzt – erst eine Stunde alt....!"
Der Helfende zu ihm: „Guter Mann, das ist doch alles nur Blechschaden; aber schauen sie sich selber mal an, den linken Arm hat es ihnen weggerissen." Der Mann sieht an die Stelle, wo sein Arm war: „Meine Rolex, meine nagelneue Rolex ist weg!"

Die englische Fußball-Nationalmannschaft besucht unter großem medialem Aufwand ein Waisenhaus in Afrika. „In diese leeren, fassungslosen und traurigen Gesichter schauen zu *müssen, war wirklich schockierend und herzzerreißend", sagte später der 9-jährige Jerome.*

---

Ein Türke, ein Ostdeutscher und ein Westdeutscher spielen miteinander Karten. Es erscheint Ihnen eine Fee. „Weil Ihr so friedlich vereint seid, hat jeder von Euch einen Wunsch frei!" Der Türke: „Ich möchte nach Anatolien zurück und eine Schafzucht aufmachen!" Der Ostdeutsche: „Ich möchte zurück in meine Datscha und der Zaun rundherum soll doppelt so hoch sein!" Der Westdeutsche: „Ich habe keinen Wunsch; er wurde eben von meinen Vorgängern erfüllt!"

---

Der Metzger und der Bäcker treffen sich. Fragt der Metzger den Bäcker: „Wo hast du eigentlich dein Schwarzgeld versteckt?" „Unter dem Kopfkissen!" „So hoch könnte ich nicht schlafen."

*Tim ist zum ersten Mal bei den Eltern seiner Freundin zum Essen eingeladen und will einen guten Eindruck machen. Nach dem Essen gehen seine Freundin und ihre Mutter Geschirr spülen. Tim ist alleine mit dem Vater und Hund Hasso, der unter seinem Stuhl liegt. Weil das Essen reichhaltig war, kann er sich nicht beherrschen. Vorsichtig lässt er einen fahren - leise, aber hörbar.*
*„Hasso!", ruft der Vater. Super, denkt sich Tim. „Er glaubt, dass der Hund furzt." Also lässt er noch einen ziehen. „Hasso!", schreit der Vater noch lauter. Tim fühlt sich jetzt ganz sicher und befreit sich mit einem langen, lauten und stinkenden Furz. „Hasso, geh weg da, bevor dir der Junge auf den Kopf scheißt!"*

Holländischer Fußballfan fragt eine
Bibliothekarin: „Haben Sie das Buch 'Holland ist
Europameister'?"
„Tut mir leid, mein Herr. Science-Fiction führen wir
nicht."

Ein Mann hat im Autohaus
erfolgreich den Preis seines Wunschautos
auf 20.000 Euro herunter gehandelt; hat
aber nur 19.999 Euro dabei. Er tritt vor das
Autohaus, wo ein Penner sitzt und fragt
diesen: „Hast Du mal 1 Euro? Ich möchte
mir ein Auto kaufen."
Sagt der Penner: „Hier hast Du 2! Bring mir
auch eins mit!"

Was ist der Unterschied zwischen einem Fußgänger und einem Fußballspieler?
Der Fußgänger geht bei Grün, der Fußballer bei Rot!

Flug von Nizza nach München. Die Maschine
ist voll besetzt und steht startklar auf dem Rollfeld. Da
kommt der Shuttlebus mit den Piloten. Die Piloten mit
dunklen Sonnenbrillen und Blindenstock steigen aus und
tasten sich in Richtung Flugzeug. Nachdem sie das

*Flugzeug betreten haben melden sie sich per Funk: „Meine Damen und Herren, wir möchten sie im Namen der Fluggesellschaft recht herzlich begrüßen. Der Flug LH 342 von Nizza nach München steht zum Abflug bereit und wir werden auch sofort starten." Die Maschine gibt volle Schubkraft (Startbahn geht auf das Meer hinaus), aber hebt nicht ab. Das Flugzeug nähert sich dem Ende der Startbahn, aber nichts passiert. Im letzten Moment, bevor die Maschine ins Wasser fällt, fangen alle Passagiere zu kreischen an; die Maschine hebt ab.*

*Der Copilot zum Piloten: „Ganz schön knapp heute!" „Ja, ich dachte schon, die kreischen heute gar nicht mehr."*

Als die Mauer zwischen dem Osten und dem Westen gebaut wurde, hat Walter Ulbrich veranlasst, dass alle Kilometer ein Loch in die Mauer gesetzt wird. Wenn ein Flüchtling in den Westen fliehen möchte wird ihm dabei der Kopf mit einem Fallbeil abgetrennt.

Bei der Besichtigung seines Werkes stellte Ulbrich fest: „Es hat sich überhaupt nichts geändert! Die Köpfe gehen in den Westen und die Arschlöcher bleiben hier."

Ein Alkoholiker, ein Kettenraucher und ein Schwuler in einer Arztpraxis.
Alle erhalten dieselbe Diagnose: „Wenn Sie noch einmal Ihrem Laster nachgeben, sind Sie auf der Stelle tot." Frustriert schlappen die drei nach dieser Nachricht die Straße entlang, als der Alkoholiker in einer Ecke eine Flasche Korn mit einem winzigen Restschluck entdeckt. Gierig stürzt er sich darauf, trinkt und fällt tot um. Die zwei anderen gehen entsetzt weiter, als sie auf einen noch glühenden

Zigarettenstummel auf dem Gehweg stoßen. Verzweifelt bricht es aus dem Schwulen heraus: „Wenn du dich jetzt bückst, sterben wir beide!"

*Zwei 90-jährige Freunde treffen sich bei der Geburtstagsfeier auf der Toilette. Sagt der Eine: „Kannst Du dich noch erinnern, als wir früher um die Wette gepinkelt haben?" „Könnten wir gleich mal wiederholen." „ok." „Wie weit bist Du denn gekommen?"*

*„Oh, ich habe mir auf die Schuhe gepinkelt. „...dann hast Du gewonnen!"*

*Der Sohn kommt nach Hause. „Papa, wie lange bist du schon aus der Schule?" „30 Jahre", antwortet der Vater. „Dann stimmt es, was der Lehrer gesagt hat." „Was hat denn der Lehrer gesagt?" „Seit dreißig Jahren hatte ich keinen Idioten mehr wie du es bist!"*

*Ein Indianerkind fragt seine Mutter: „Warum heißt denn meine Schwester ‚Morgenröte'?" „Weil sie in der Frühe bei Sonnenaufgang gezeugt wurde."*

*„Und warum heißt mein Bruder ‚Nachtschatten'?" „Weil er mitten in der Nacht gezeugt wurde." „Aber warum willst du denn das wissen, ‚Geplatzter Gummi'?"*

Mann geht im Winter zum Eisangeln. Er schlägt ein kleines Loch in die Eisfläche und möchte seine Angel auswerfen. Da hört er eine Stimme aus dem Nichts: „Hier gibt es nichts zu angeln." Der Mann geht ein Stück weiter und schlägt erneut ein Loch in die Eisfläche. Erneut ertönt die Stimme: „Hier gibt es nichts zu angeln!" Der Mann wechselt erneut seinen Standort. Und wieder ertönt die ominöse Stimme aus den Nichts: „Hier gibt es nichts zu angeln!" Darauf ruft der Mann sichtlich genervt: „Wer spricht zu mir, etwa Gott?"

„Nein du Depp! Ich bin der Stadionsprecher des SC Rissersee!"

---

**Herbert trifft seinen Freund Martin. „Ja Martin, dich habe ich ja schon lange nicht mehr gesehen. Was hast du all die Zeit getrieben?" Martin: „Ich habe die Zenzi geheiratet, die müsstest du auch noch kennen." Herbert: „Ja die Zenzi, die hat mir mal das Leben gerettet. Ich bin mit ihr in ein Waldstück gefahren und habe gesagt, wenn sie nicht mit mir schläft, nehme ich mir das Leben." „Und?" „Sie hat eingelenkt!"**

---

Ein Mann geht in die Kneipe. Da läuft ein kleines Pferd am Tresen hin und dann wieder her. „Hallo Kellner, kann es sein, dass ich da gerade ein Pferd auf dem Tresen hin- und herlaufen gesehen habe?" Der Kellner antwortet: „Sie haben Recht, das kommt nur von der Fee im Keller, die Wünsche erfüllen kann."

Der Mann geht in den Keller und nach 5 Minuten kommt er wieder nach oben mit einer Melone unterm Arm und hinter ihm laufen ein paar Ferkel hinterher.

Fragt der Ober: „Was hast du dir denn gewünscht?" Mann: „Ich habe mir eine Million in kleinen Scheinen gewünscht!" Ober: „Ja, ja die Fee hört schon schlecht. Meinst du vielleicht ich habe mir einen 30 cm langen Schimmel gewünscht?"

Die Betreuungsschwestern im Krankenhaus unterhalten sich im Pausenraum: „Du, auf Zimmer 4 liegt ein Mann, der hat auf seinem Penis eine Tätowierung!" Die andere: „Und was hat er sich tätowieren lassen?" „Soweit ich lesen konnte ‚**Rumbalotte**'." Die attraktive Schwester Gerti: „Ich glaube, den schaue ich mir mal selber an." Lächelnd und verschmitzt kommt sie zurück ins Schwesternzimmer. „Ich konnte alles lesen; es steht drauf: „**Ruhm** und Ehre der **balt**ischen **Flotte**."

Auf dem Atlantikflug fallen in der voll besetzten Maschine die Triebwerke aus. Der Pilot meldet: „Die Triebwerke sind ausgefallen und wir sind soeben in den kontrollierten Gleitflug übergegangen." Die Stewardess stellt sich auf dem Gang und reißt sich die Kleider vom Leib: „Einmal nochmals nur mal Frau sein!" Ein Fluggast von ganz hinten steht auf, läuft nach vorne und reißt sich ebenfalls die Kleider vom Leib;

wirft sie vor die Stewardess: „Waschen!"

*Der kleine Fritz macht im Kindergarten immer in die Hose. Da schimpft die Betreuerin: „Fritz, wenn du nochmal in die Hose machst, dann schneiden wir dir den Schniedel weg." Am nächsten Tag passiert es wieder – Fritz macht in die Hose. Er erzählt die Geschichte seinem Freund Alois. Dieser antwortet ganz cool: „Du ich habe meine Schwester in der Badewanne gesehen. Wenn das gut gemacht ist, schaut es gar nicht so schlecht aus!"*

Herbert ruft seinen Freund an; der kleine Maxl geht ans Telefon: „Hallo Maxl, sind deine Eltern zu sprechen?" Maxl flüstert: „Nein, die sind gerade im Schlafzimmer." „Ok, da will ich nicht stören, ich rufe später noch mal an."
Eine Viertelstunde später ruft Herbert wieder an, Maxl wieder am Telefon. „Sind Deine Eltern jetzt zu sprechen?" Maxl flüstert: „Nein, jetzt sind sie in der Küche". "Dann wollen wir sie auch gar nicht stören, bis später". Nach einer halben Stunde ruft Herbert nochmals an. „Sind Deine Eltern jetzt zu sprechen?"
Maxl flüstert: „Nein, jetzt sind sie in der Garage". „Ja verdammt, was machen die denn da?" Maxl flüstert: „Die suchen mich!"

*Der Spieß dröhnt über den Kasernenhof:*
*„Bei uns herrscht penible Sauberkeit!*

32

> *Bei uns wird die Wäsche täglich gewechselt!*
> *Fangen wir gleich damit an: Schmitz wechselt mit*
> *Warnke, Bachner wechselt mit Becker, Meier wechselt*
> *mit Krause..."*

Kommt ein Mann in die Apotheke und sagt: „Ich
hätte gerne eine Packung Acetylsalicylsäure."
Darauf der Apotheker: „Sie meinen Aspirin?"
Der Mann: „Ja, genau, ich kann mir bloß dieses
blöde Wort nie merken!"

Manche Menschen sind so arm, die haben noch nicht mal eigene Probleme.

# Männer zum Abgewöhnen

Männer mit einem Bierbauch haben meistens einen „Schneewittchen-Komplex". Sie liegen auf dem Rücken und sagen: Dort hinter dem Berg, da wohnt ein Zwerg.

Anti Männer

„Die Polizei sucht einen großen blonden Mann um die dreißig, der Frauen belästigt", liest die Frau ihrem Mann aus der Zeitung vor. Antwortet er: „Meinst du wirklich, dass das der richtige Job für mich ist?"

Es gibt Frauen, die können anziehen was sie wollen, denen steht einfach nichts. Aber es gibt Männer, die können ausziehen was sie wollen, denen geht es genauso.

Ein Mann ist wie ein Schneesturm! Keiner weiß wann er kommt, wie viel Zentimeter er bringt und wie lange es dauert!

85 % der Frauen finden Ihren Arsch zu dick, 15 % zu dünn. 5% finden ihn so ok wie er ist und sind froh, dass sie ihn geheiratet haben.

Der Landmaschinenvertreter fragt die Bäuerin: „Wo ist denn dein Mann?" „Im Schweinestall; mit seiner roten Kappe kannst du ihn nicht verwechseln!"

Die Männer schauen den Frauen auf den Hintern und denken: „Boah, der Riesenarsch." Das tun die Frauen auch, nur dass sie dabei den Männern ins Gesicht schauen.

Ein Mann steht bis zum Bauchnabel im Wasser – was sagt er? Das geht über meinen Verstand!

Oma: „Sag mal, was versteht man eigentlich unter dem Begriff ‚pervers'?" Opa: „Ach, nun frag doch nicht so viel und mach mir endlich den BH auf!"

Sie sieht ihren Mann beim Koffer packen und fragt: „Was soll das?" „In der Südsee gibt es eine Insel, auf der Männer für Sex mit einer Frau jedes Mal 25,00 € bekommen!" „Oh, da komme ich mit! Will doch mal sehen, wie du mit 25,00 € im Monat auskommst."

---

Zwei Männer gehen abends weg. Sein Freund bemerkt: „Dein Hosenladen ist offen und dein Penis ist sichtbar." „Ich weiß, der hat heute Bereitschaft!"

---

*Ein Mann möchte für seine Frau einen Stringtanga kaufen. Verkäuferin: „Welche Größe?" Mann: „Das ist schwer zu sagen." Verkäuferin: „Das wäre aber schon wichtig!" Mann: „Ach, ich weiß – sie hat 76." Verkäuferin: „76? Die Größe gibt es gar nicht. Wie kommen sie denn da drauf?" Mann: „Ich habe einen 80er Fernseher und wenn sie davor steht, bleiben links und rechts zwei Zentimeter frei!"*

Sie zu ihrer Freundin: „Was machst du eigentlich mit deinem Arsch?" „Ich mache ihm jeden Tag zwei Leberkäs-Semmeln und schicke ihn in die Arbeit!"

---

**Unterhalten sich zwei Krankenschwestern: „In unserer Klinik ist heute ein Wunderkind geboren – es hat einen**

**Penis und ein Hirn."**

---

Warum brauchen Männer keine Angst vor BSE zu haben? – BSE greift nur das Gehirn an!

*Unterhalten sich zwei Freunde. „Du meine Tochter hat ein Geschäft eröffnet!" „Was für ein Geschäft denn?" „Sie arbeitet als Prostituierte. Das Geschäft läuft so gut, dass meine Frau immer wieder mal aushelfen muss."*

**Warum gibt es Männer? Weil Vibratoren keinen Rasen mähen können!**

Wann ist der Mann 1 Euro wert?
Wenn er den Einkaufswagen schiebt!

Warum haben so viele Männer einen Bierbauch? Damit der arbeitslose Zwerg wenigstens ein Dach über dem Kopf hat!

Unterschied zwischen Männern und Käse: Der Käse reift!

*Sie: „Liebling, im Büro haben meine Kollegen gesagt, dass ich ganz tolle Beine hätte!"*
*Er: „Ach ja, und von deinem fetten Arsch haben sie nicht gesprochen?"*
*Sie: „Nein, von Dir war nicht die Rede ..."*

*Warum klopfen Hebammen den Neugeborenen auf den Po? - Bei intelligenten Kindern fällt der Penis ab!*

> Zwei Freunde sitzen zusammen in der Wirtschaft. Sagt der eine: „Du, ich habe bemerkt, dass dein Hosenladen offen steht und dein Schniedel rausschaut." „Das weiß ich schon! Weißt du, gestern hat er mich blamiert und heute blamier ich ihn!"

*Warum muss ein Mann ein Chromosom weniger besitzen als ein Schwein? - Damit sich der Schwanz nicht kringelt!*

Zwei Männer stehen am Tresen und haben schon etwas über den Durst getrunken. Kommt einer auf eine Idee: „Ich wette mit dir um 50 € dass ich mich ins linke Auge beißen kann!" Der andere schlägt ein. Er nimmt sein Glasauge heraus und beißt sich auf das Glasauge.

Nach einer Weile schlägt er ihm wieder einen Deal vor: „Ich wette mit dir um 50 € dass ich mich ins rechte Auge beißen kann!" Der andere überlegt – der sieht mich doch an, er kann doch keine zwei Glasaugen haben – und schlägt auf die Wette ein. Er nimmt sein Gebiss heraus und beißt sich in das rechte Auge.

Nach weiteren Getränken muss er auf die Toilette; da kommt ihm eine Idee: „Ich wette mit dir um 50 € dass ich dir in die Hosentasche pinkle ohne das du nass wirst!" Der andere überlegt kurz und schlägt ein, denn das er diese Wette gewinnt ist er sicher.

Er packt aus und verrichtet seine Notdurft in der Hosentasche des anderen. Der andere ist triefend nass.

„Jetzt hast du aber verloren!" Er zückt die 50 € und sagt:

„Ok, man muss auch mal verlieren können!"

*Was haben Gewitterwolken und Männer gemeinsam? Wenn sie sich gleich nach dem Frühstück verziehen, könnte es noch ein schöner Tag werden!*

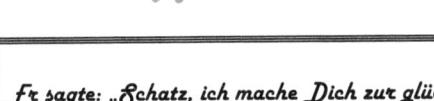

*Er sagte: „Schatz, ich mache Dich zur glücklichsten Frau der ganzen Welt!"*
*Darauf sie: „Ich werde Dich vermissen."*

## Was haben Männer und Waschmaschinen gemeinsam? – Wenn du sie anmachst, drehen sie durch!

**Was ist der Unterschied zwischen einem Mann und einem Reifen? – Der Reifen hat Profil!**

Was war der erste Mann auf dem Mond? – Ein guter Anfang!

Was muss eine Frau tun, wenn ihr Mann Zickzack im Garten läuft? - Weiterschießen!

# Alles rund um das Arztgeheimnis

Nach der Operation besucht der Arzt seinen Patienten: „Herr Meier, alles ist gut verlaufen, sie können jetzt wieder jeden Sport betreiben; Skifahren, Schwimmen, Tennisspielen, Golfen, Joggen." „Aber Herr Doktor, das konnte ich ja vorher gar nicht!"

 Eine sehr, sehr dicke Frau geht zum Frauenarzt. Zur Untersuchung legt sie sich auf die Bank. Fragt der Arzt: „Könnten Sie mal einen Pfurz lassen?" „Gehört denn das zur Untersuchung, Herr Doktor?" fragt Sie. „Nein, das dient nur zur Orientierung."

„Herr Doktor, ich habe einen 20 Euro-Schein verschluckt. Aber auf der Toilette kommt nur Kleingeld!" „Das ist doch ganz normal, wenn man in den Wechseljahren ist."

„Herr Doktor, ich höre immerzu Stimmen, sehe aber niemanden." Der Arzt fragt nach: „Wann passiert das in der Regel?"
„Immer dann, wenn ich telefoniere!"

*Die alte Bäuerin fühlt sich nicht gut. Ihre Tochter meint: „Mama, geh doch zum Doktor und lass dich untersuchen! Der sieht sofort, was dir fehlt!"*
*„Geh, lass mich doch in Ruhe mit den Doktoren!" schimpft diese drauf los. „Die sind längst nimmer das, was sie einmal waren. Mit zwanzig habe ich mich splitternackt ausziehen müssen. Mit vierzig habe ich noch den Oberkörper frei machen dürfen. Und jetzt? Jetzt wollen sie gerade einmal noch die Zunge sehen!"*

Was ist der Unterschied zwischen einem Internisten, einem Chirurgen, einem Psychiater und einem Pathologen?
Der Internist hat zwar Ahnung, kann aber nichts.
Der Chirurg hat zwar keine Ahnung, kann aber alles.
Der Psychiater hat zwar keine Ahnung und kann auch nichts, hat dafür aber Verständnis.
Der Pathologe weiß alles, kann alles, kommt aber immer zu spät.

*Kommt der Mann vom Arzt zurück. Fragt ihn seine Frau: „Na, was hat der Arzt gesagt?" „30 Euro!"*
*„Nein, ich meinte, was hast du?" „Nur 20 Euro!"*
*„Zum Kuckuck nochmal, was fehlt dir?" „10 Euro!"*

„Ihr Mann muss dringend geröntgt werden!" sagt der Doktor zur Brandner Steffi. „Bräuchte es gar nicht Herr Doktor, den habe ich schon längst durchschaut!"

Kommt ein Mann zum Arzt: "Herr Doktor, es ist mir peinlich, aber - ich habe einen knallroten Penis und der juckt!" Darauf der Arzt: „Ja, dann machen Sie sich mal frei." Der Patient lässt die Hose runter, der Arzt schaut sich das Prachtstück an und meint: „Ja, wirklich, der ist ja richtig entzündet. Das sieht ja sehr böse aus. Sind Sie denn verheiratet?" „Ja!" Der Arzt vorsichtig: „Und wie oft haben Sie mit Ihrer Frau Geschlechtsverkehr?" „Ja, wenn ich richtig nachdenke: Montag, Dienstag, Mittwoch, Donnerstag, Freitag, Samstag und Sonntag!" "Lobenswert!"

„Und nun mal ehrlich haben Sie auch noch eine Freundin?" „Sicher!" Der Arzt fragt wieder: "Und wie oft haben Sie mit ihr „Geschlechtsverkehr?" „Na, am Montag, Dienstag, Mittwoch, Donnerstag, Freitag, Samstag und Sonntag!" „Kaum zu glauben! Und haben Sie sonst noch Geschlechtsverkehr?" „Ja, ich gehe noch in das Puff!" „Und wie oft?" Darauf der Patient: „Montag, Dienstag, Mittwoch, Donnerstag, Freitag, Samstag und Sonntag!" Der Arzt aufbrausend: „Ja, kein Wunder, da muss sich Ihr Penis ja entzünden!"

„Gott sei Dank, Herr Doktor und ich dachte schon, es käme vom Onanieren!"

Frau Haberstroh ist so krank, dass sich ihr Mann ernsthaft Sorgen um sie macht und den Arzt anruft. Der Arzt untersucht sie und als er aus dem Krankenzimmer kommt sagt er ganz ernst: „Ihre Frau gefällt mir überhaupt nicht, Herr Haberstroh!" „Mir auch nicht," meint er beleidigt, „aber ihre Frau ist auch nicht gerade die Schönste!"

Frau beim Arzt: „Oh, es sieht so aus als bekommen sie ein Kind." „Super Herr Doktor, das wünschen wir uns schon so sehr!"
„Wie gesagt, es sieht nur so aus."

„Herr Doktor, mein 60 cm langer Penis passt nicht mehr in meine Hose, jeder starrt dort hin. Kann man ihn nicht kürzer machen?"
Arzt: „Bei mir gibt es nur zwei Optionen: Nichts tun oder Totaloperation - aber ich weiß einen Zauberbrunnen mit einer Fröschin, der Sie einen Heiratsantrag machen müssen."

Der Mann geht zum Brunnen und fragt die Fröschin: „Willst du mich heiraten?" „Nein" antwortet der Frosch! Es kribbelt in seiner Hose. Er misst seinen Penis; er ist um 10 cm geschrumpft. Am nächsten Tag geht er wieder zum Brunnen. „Willst du mich heiraten?" „Nein!" Wieder schrumpft der Penis um 10 cm.
Es versucht es am nächsten Tage ein letztes Mal: „Willst du mich heiraten?" Die Fröschin: „Nein, nein, nein und nochmals nein!!!"

Der Franz geht zum Doktor: „Herr Doktor, ich weiß nicht wie ich es sagen soll, aber irgendwie stimmt bei mir untenherum etwas nicht." Der Doktor untersucht ihn und stellt fest: „Oh je, des schaut gar nicht gut aus. Sie haben das Gamsbart-Syndrom!" „Um Gotteswillen, was ist denn das?" fragt der Franz entgeistert, „das habe ich ja noch nie gehört!"
„Das heißt, Sie können sich ihren Pinsel auf den Hut stecken!"

„Frau Hoffmann, wenn sie mich so anlachen, wünsche ich mir, dass sie mich bald besuchen kommen." „Sie Schmeichler sie!" „Nun ja,

wie man es nimmt – ich bin Zahnarzt!"

---

*„Herr Doktor, mein Busen ist zu klein." „Nehmen Sie doch Toilettenpapier und reiben immer kreisförmig über Ihren Busen." „Das soll helfen?" „Natürlich, bei Ihrem Arsch hat es ja scheinbar auch funktioniert!"*

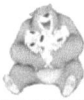

---

*Kurt fühlte sich den ganzen Tag lang schuldig. Egal wie oft er versuchte zu vergessen, er konnte es nicht. Die Schuld des Betruges war übermächtig. Aber immer wieder hörte er eine Stimme zu sich selbst sagen: „Kurt, kümmere Dich nicht darum, Du bist nicht der erste Arzt der mit einem seiner Patienten geschlafen hat, und Du wirst auch nicht der letzte sein!" Und trotzdem brachte Ihn eine andere Stimme in seinem Kopf immer wieder in die Realität zurück: „Kurt, Du bist Tierarzt!!"*

*Ein Mann kommt zum Psychiater: „Herr Doktor, meine Frau bildet sich ein, dass sie ein Huhn ist." „Seit wann?" fragt der Psychiater. „Ich schätze, seit ungefähr drei Jahren", meint der Mann. „Ja, und da kommen Sie erst jetzt?" „Tja, bis jetzt haben wir die Eier immer recht gut gebrauchen können."*

„Was hat denn der Arzt zu dir gesagt?", fragt die Frau Ihren Mann. „Er hat gesagt, zur Untersuchung benötigt er noch Kot, Urin und Sperma." „Ach, da gibst du Ihm am besten deine braune Cordhose!"

*„Es tut mir leid Herr Funke, da sind sie bei mir an der völlig falschen Adresse; ich bin Frauenarzt für Frauenleiden!" „Deswegen bin ich ja hier! Ich leide unter meiner Frau."*

Frau kommt mit Ihrem 10jährigen Sohn zum Frauenarzt. Der Arzt fragt, ob der Junge unbedingt dabei sein muss. Die Frau antwortet: „Unser Junge ist aufgeklärt!" Der Arzt tastet den Bauch der Mutter ab. „Was mache ich da gerade?" Der Sohn: „Sie untersuchen den Unterleib meiner Mutter." Er nimmt ein Wattestäbchen und fährt durch die Scheide. „Was mache ich da gerade?" „Sie nehmen einen Abstrich und untersuchen diesen im Mikroskop." Er zieht seine Hose aus und

führt seinen Penis ein. „Und was mach ich jetzt?"
„Jetzt holen Sie sich gerade einen Tripper, denn deswegen sind
wir eigentlich hier!"

---

Arzt: „Gute Frau, sie sind jetzt 92, Ihr Freund 21, da kann jeder Sexualkontakt zum Tode führen!" Worauf die alte Dame meint: „Na ja, dann muss er halt sterben!"

---

*Ein Mann geht zum Arzt, weil er einen roten Ring um seinen Penis hat. Nach einer kurzen Behandlung ist das Problem behoben. „Herr Doktor, was bekommen Sie dafür?" „5 Euro!" Er erzählt es seinem Freund, wie billig dies war. Nach 3 Wochen hat sein Freund einen blauen Ring um den Penis. Er erinnert sich an seinen Freund und geht zum selben Arzt. Nach einer Stunde Operation ist er fertig. „Die Operation macht 250 Euro!" „Warum kostet es so viel, bei meinem Freund hat es nur 5 Euro gekostet?" „Tja, bei Ihrem Freund war es roter Lippenstift und bei Ihnen waren es Krampfadern!"*

Wie verabschieden sich Teilnehmer eines Ärztekongresses?
Augenarzt: „Man sieht sich!"
Ohrenarzt: „Lass mal wieder was von euch hören!"
Urologe: „Hey Jungs, ich verpiss mich!"
Tierarzt: „Ich mach dann mal die Fliege!"
Kardiologe: „Bye, pass auf dich auf!"
Gynäkologe: „Ich schau mal wieder rein!"

Orthopäde: „Hals- und Beinbruch!"
Dermatologe: „Haut ab!"

*Mutter und Sohn gehen zum Doktor. Fragt die Mutter: „Hast du auch eine frische Unterhose an?" Sohn: „Ja, schon laange!"*

*Warum darf ein Herzkranker kein Cola und kein Bier trinken? Weil er sonst colabiert!*

*Der Zahnarzt zum Patienten: „Jetzt schreien sie mal laut und ganz fürchterlich, wie sie nur können!" „Warum denn das?", fragt der Patient. „Wissen sie", sagt der Zahnarzt, „das Wartezimmer ist voll und ich möchte in einer Stunde Feierabend machen!"*

*Ein neunzigjähriges Mütterlein kommt zum Arzt: „Herr Doktor, ich möchte gerne Aids haben!" „Warum denn das!" „Ich habe gelesen, mit Aids kann man gut und gerne noch 10 Jahre leben!"*

„Also, es besteht kein Zweifel mehr. Sie sind vergiftet worden."

„Aber um Himmels willen womit denn, Herr Doktor?"

„Keine Sorge, das werden wir bei der Obduktion feststellen!"

---

Arzt: „Ok, schauen wir mal in unserem schlauen Buch nach ... grüner Schwanz – muss amputiert werden ... lila Schwanz – muss amputiert werden ... blau-gestreifter Schwanz – muss auch amputiert werden ... aah da haben wir´s: silberner Schwanz – muss nicht amputiert werden ..."

Patient: „Gott sei Dank!" Arzt: „... fällt von selber ab!"

---

        Der Augenarzt nach der Untersuchung:
„Eine Frage habe ich noch, wie haben sie eigentlich hierher gefunden?"

# *Thema Ausländische Mitbürger*

Ein Chinese ruft bei der Notrufnummer an: „Auf dem Bahndamm liegt ein Gleis". „Ja, wo soll es denn sonst liegen; belästigen Sie den Notruf nicht damit", antwortet der Mitarbeiter des Notdienstes. „Almel altel Mann", sagt der Chinese!

*Ausländische Mitbürger*

**Was heißt Oberschenkelhalsbruch auf Chinesisch? –
Knicki-Knacki Nah-Bei-Sacki.**

**Wie nennt man „Gute Zeiten, schlechte Zeiten" auf Türkisch?
Aldi auf, Aldi zu**

Was haben Chinesen und der grüne Punkt gemeinsam?
Den gelben Sack!

Ein Türke wird von den E-Werken angestellt, um die Zähler abzulesen. Er kommt an die erste Adresse auf seiner Liste, eine Frau öffnet die Tür. Der Türke fragt sie: „Wie viel Nummern Du

*haben gemacht bei Licht?" Die Frau empört: „Egon, komm mal schnell,
hier steht ein Türke und beleidigt mich!" Egon kommt, breit wie ein
Schrank: „Was willst Du?"
Der Türke: „Wie viel Nummern Du haben gemacht bei Licht?" Egon
brüllt laut: „Willst du ein paar auf die Fresse?!" Der Türke: „Wenn du
mir nicht sagen, wie viel Nummern Du haben gemacht bei Licht, ich
dir schneiden Strippe ab, und deine Frau muss nehmen Kerze..."*

---

**Aldi hat tolle Sonderangebote, die Leute
stehen 100 m Schlange. Ein Mann stellt sich hinten an
und schimpft: „So lange Warteschlangen hat es ja zu
DDR-Zeiten nicht gegeben!" Dreht sich ein Türke vor ihm
um und sagt: „Wir – dich – nicht – gerufen!"**

---

Gerhard und Ali sitzen in der gleichen Schulbank.
Lehrerin: „Bitte alle die Hand heben, die Deutsche sind."
Alle außer Ali heben die Hand. Gerhard: „Ali, du bist doch hier in
Deutschland geboren und aufgewachsen, also bist du Deutscher. Melde
dich."
Ali meldet sich. Als Ali dann nach der Schule nach Hause kommt und dem
Vater davon erzählt, holt dieser aus und haut dem kleinen Ali eine runter.
Ali dreht sich um und sagt: „Oh man, kaum ist man Deutscher schon hat
man Stress mit den Türken."

*Ein Deutscher zieht aus beruflichen Gründen nach Saudi-*

*Arabien. Dort findet er die Liebe seines Lebens und heiratet. Auf der Hochzeit stellt er seiner deutschen Familie die Gäste vor: „Das hier ist meine Saudi-Arabische Tochter, das meine Saudi-Arabische Frau und das hier ist meine Schwiegermutter, die Sau di Arabische."*

---

*Chinese in der Bäckerei: „Hätte gelne ein Blödchen." Bäcker: "Einen Moment bitte, meine Kollegin kommt gleich!"*

---

*Rumänische Mitbürger sind sehr wichtig für uns; sie kurbeln unsere Wirtschaft an: Neue Fensterscheiben, neue Türschlösser, neue Alarmanlagen ....*

---

Ein afrikanischer Asylbewerber spaziert durch Nürnberg. Er spricht die erste Person an, die er auf der Straße trifft, schüttelt ihr die Hand und sagt: „Danke lieber Deutscher, dass Sie mich in Ihrem Land aufnehmen und Unterstützung, Unterkunft und Krankenversicherung geben." Der Angesprochene guckt verdutzt und antwortet: „Ich bin kein Deutscher, ich bin Albaner."

Der Afrikaner geht weiter und spricht eine weitere Person an: „Danke dafür, dass ich in Ihrem schönen Deutschland sein darf." Der Angesprochene sagt: „Sie irren sich, ich bin Ägypter."

Wieder geht er weiter und spricht erneut eine Person an: „Danke für Ihr schönes Deutschland." Wieder war die Antwort ganz ähnlich: „Hmm...? Aber ich bin doch Rumäne."

Dann sieht der Afrikaner eine nette ältere Dame und fragt. „Sind Sie Deutsche?" „Nein, ich bin Türkin." Die Stirn kratzend fragt er die Türkin: „Seltsam ... wo sind denn all die Deutschen?" Daraufhin blickt die ältere Dame kurz auf ihre Uhr und meint:

„Wahrscheinlich arbeiten."

**Kommt ein Grieche in die Bank und sagt: „Hellas! Ich möchte ein Gyros-Konto eröffnen, aber Zaziki!" Antwortet der Bankangestellte: „Tut mir leid, aber das ist bei uns nicht ganz Ouzo!"**

*Im Deutschunterricht. Die Lehrerin fragt einen Türken: "Bilde bitte einen Aussagesatz!"*
*Türke: „Mein Vater hat eine Dönerbude"!*
*Lehrerin: „Gut, bitte bilde jetzt einen Fragesatz!"*
*Türke: „Mein Vater hat eine Dönerbude, weißt du?"*

# Alles was sie über Blondinen wissen sollten

Unterhalten sich zwei Blondinen: „Ich habe gestern einen Schwangerschaftstest gemacht." Die andere: „Und, waren die Fragen schwierig?"

Blondinen

*Was ist der Unterschied zwischen den Yeti und einer intelligenten Blondine? Den Yeti hat man schon gefunden!*

Drei Blondinen möchten gerne an das andere Ufer des Flusses und wissen nicht wie. Erscheint eine Fee und sagt: „Ihr habt alle einen Wunsch frei."
Die Erste: „Ich möchte 10 mal so clever sein wie ich jetzt bin." Blub – sie geht umher, sammelt Holz und baut ein Floß.
Die Zweite: „ Ich möchte 100 mal so gescheit sein wie ich jetzt bin." Blub – sie bekommt schwarzes Haar, sammelt ebenfalls Holz und baut ein Floß.
Die Dritte: „ Eine Steigerung muss drin sein; ich möchte 1000 mal so intelligent sein wie ich jetzt bin." Blub – sie wird zum Mann und geht über die

# Witzesammlung

---

**Brücke ans andere Ufer.**

---

*Eine Blondine rammt beim Einparken ein
anderes Auto. Brüllt der Autofahrer: „Sie blöde
Kuh, haben sie eigentlich die
Führerscheinprüfung gemacht?" Die Blondine
faucht zurück: „Ja, bestimmt öfters als sie!"*

**Was bekommt man, wenn man eine Blondine mit einem Husky
kreuzt? Entweder einen verdammt blöden Hund oder eine
winterfeste Nutte...**

---

*Nebeneinander stehen eine Brünette, eine Blondine
und wieder eine Brünette. Was ist das? Eine
Bildungslücke!*

---

Winnetou, Old Shatterhand und eine Blondine sitzen nachts in der
Prärie am Lagerfeuer. Plötzlich raschelt es im Gebüsch. Winnetou steht auf, nimmt
sein Gewehr und geht ins Gebüsch. Ein Knall. Winnetou kommt wieder zurück und
setzt sich ans Lagerfeuer.
Ein paar Minuten später wieder ein Rascheln im Gebüsch. Old Shatterhand steht auf,
nimmt sein Gewehr und geht ins Gebüsch. Ein Knall. Old Shatterhand kommt
wieder zurück und setzt sich ans Lagerfeuer. Einige Minuten danach wieder ein
Rascheln im Gebüsch. Die Blondine steht auf, nimmt ihr Gewehr und geht ins
Gebüsch. Ein Knall; noch ein Knall. Da sagt Old Shatterhand zu Winnetou: „Siehst
du, das habe ich mir gedacht. Die Blondine tritt zweimal auf die Harke..."

Warum essen Blondinen keine Breze? Weil sie den Knoten nicht aufbringen.

---

Ein Mann kommt in eine Kneipe und spricht die Bardame an: „Soll ich Dir einen Blondinenwitz erzählen?" „Du möchtest mir einen Blondinenwitz erzählen? – Ich bin Blondine". „Und siehst Du meine Kollegin, die Bodybuilderin, ist ebenfalls Blond." „Hinten am anderen Tresen ist die blonde Karatelehrerin." „Unsere beiden Schlamm-Ketscherinnen auf der Bühne sind ebenfalls blond; und da möchtest Du uns einen Blondinenwitz erzählen?" „Ok, Du hast recht, es ist mir wirklich zu blöd, den Witz fünfmal erzählen zu müssen!"

---

Die Kati fragt die Heidi: „Sag mal, hast du zu Resi gesagt, dass ich blöd bin?" „Ja", antwortet die Heidi, „aber die hat es schon gewusst!"

---

Sagt die eine Blondine zur Anderen: „Mein Mann ist impotent!" „Ach", sagt die Andere, „ist das mehr als Ingenieur?"

Ein blondes Mädchen kommt von der Schule nach Hause. Sie läuft zu ihrer Mutter und sagt: „Mutti, heute haben wir in der Schule zählen gelernt. Alle anderen Mädchen können nur bis 5 zählen, aber höre zu: "1,2,3,4,5,6,7,8,9,10 ! Ist das nicht toll?" „Ja,

Liebling, sehr gut." „Kann ich das so gut, weil ich blond bin?" „Ja Liebling, weil du blond bist." Am nächsten Tag kommt das Mädchen von der Schule nach Hause und sagt: „Mutti, heute haben wir in der Schule das Alphabet gelernt. Alle anderen Mädchen können es nur bis D, aber höre mir zu: A,B,C,D,E,F,G,H,I,J,K ! Ist das nicht toll?" „Ja Liebling, sehr gut." „Kann ich das so gut, weil ich blond bin, Mutti?" „Ja Liebling, weil Du blond bist." Am nächsten Tag kommt sie von der Schule und schreit: „Mutti, heute waren wir schwimmen. Also, alle anderen Mädchen haben keine Brüste, aber sieh mich an!" Sie streckt ihrer Mutter ihren BH Größe 75 D entgegen. „Ist das so, weil ich blond bin, Mutti?" „Nein Liebling, es ist so, weil du schon 25 bist."

Eine Blondine zur Anderen: „Dieses Jahr fällt Weihnachten auf einen Freitag!"
Die andere: „Hoffentlich nicht auf einen 13.!"

## Eine Blondine in der Ritterrüstung: „Blechblas-Instrument!"

Eine Blondine wird von zwei Räubern im Wald festgehalten. Da kommt ein Mann mit einem schwarzen Umhang, einer schwarzen Augenmaske, mit schwarzen Stiefeln und schlägt die Räuber in die Flucht. Er schlägt mit seiner Peitsche ein „Z" in den Baum und frägt die Blondine: „Weißt Du wer Dich gerettet hat?" „Aber natürlich Zuperman!"

Unterhalten sich drei Blondinen im Cafe.
Sagt die erste: „Mein Freund hat mir einen Kugelschreiber
geschenkt, obwohl ich gar nicht schreiben kann."
Die zweite erzählt: „Mein Freund hat mir ein Buch geschenkt,
obwohl ich gar nicht lesen kann."
Meint die dritte: „Mein Freund hat mir einen Deoroller geschenkt,
obwohl er genau weiß, dass ich gar keinen Führerschein habe."

Eine Blondine bekommt Zwillinge und weint
ununterbrochen. Da fragt die Schwester, warum sie
weine. Da antwortete sie: „Ich weiß nicht vom wem
das zweite ist."

Sagt der Ehemann zu seiner Blondine: „Wenn du richtig kochen und
putzen könntest, bräuchten wir keine Haushälterin!"
Sagt die Blondine: „Und wir bräuchten keinen Gärtner, wenn du
abends nicht immer so müde wärst!"

Warum bricht die Mauer zusammen, wenn
sich eine Blondine daran lehnt? – Der
Klügere gibt nach!

Was bedeutet dies: „Blondine in der Küche?" - „Artgerechte Haltung!"

Auf einer Feier macht ein Bauchredner mit einer Puppe seine Show. Er lässt einen Blondinenwitz nach dem anderen vom Stapel. Irgendwann steht eine Blondine auf und schreit: „Was soll denn das? Wir Blondinen sind gar nicht so dumm, wie sie das dauernd sagen!"

Der Bauchredner versucht sich zu entschuldigen. Die Blondine unterbricht ihn: „Mit ihnen rede ich gar nicht. Ich rede mit dem kleinen Kerl da auf ihrem Schoß!"

Was bedeutet dies: Zwei Blondinen bewerfen sich mit Strohhalmen? - Gedankenaustausch!

Wie nennt man eine intelligente, sensible und gut aussehende Blondine? – Ein Gerücht!

# Die mit Dialekt haben einen Interlekt

**Drei Hexen schauen sich drei Swatch Uhren an. Welche Hexe schaut welche Uhr an? Und nun das Ganze in englischer Sprache....**
**Three witches watch three Swatch watches. Which witch watch which Swatch watch?**

Dialekt

Drei Männer, aus Schwarzafrika, aus Berlin und aus Bayern sitzen im Wartezimmer der Entbindungsstation und warten auf die Niederkunft ihrer Ehefrauen. Endlich geht die Tür auf und ein Arzt sagt: „Es war ein Chaos, so viele Babys kamen gleichzeitig, deshalb haben wir vergessen, sie zu markieren und wissen nicht mehr, welches Kind zu wem gehört." Der Bayer reagiert sofort. Er nimmt das schwarze Kind auf den Arm und sagt: „ I nimm den do, bevor i an Preiss dawisch!"

Schwer schnaufend und total verschwitzt kommt ein norddeutscher Tourist im Münchner Haus auf der Zugspitze an. „Sie Ärmster, Sie miassn ja grennt sei wiar a Hirsch!", meint die Bedienung. „Also bitte,

was erlauben Sie sich? Ich bin kein Hirsch!", raunzt
sie der Gast an.
„I hob ja nur gmoant, weil`s schwitzn wiar a Sau!"

Der Bauer steht auf dem Berg. Kommt der Nachbar hinzu
und sagt: „Do schaug owe, do schnackslt dei Knecht dei Oide
auf deiner Wiesn."
Nach kurzer Überlegung sagt der Bauer: „Des is ned mei
Wiesn!"

A Oida Mühlviertla sitzt in da Bim, schräg gegenüber
vo erm huckt a Punk mit am rotn Irokesn. Der Oide
gafft den Punk so lang an, bis dem z´deppad wird und
moant: „He Oida, is irgendwos, wos schaust mi denn so
deppad au?"
Darauf da oide Mühlviertla: „Schau her, i hab da in
meiner Jugend amoi im Rausch a Hendl gfickt und
hiazand überleg i ob du vielleicht mei Bua sei
kunntast."

Auf einer bayerischen Alm grüßt ein Tourist den
Almhirten. Als dieser seinen Gruß nicht erwidert,
meint der Fremde: „Ganz schön doofe Menschen gibt
es hier in den Bergen!" „Mach da nix draus", sagt
der Bayer, „die bleibn höchstens zwoa Wochn do!"

Deutscher Urlaubsgast zum Bergbauern:
„Wie heißt'n der Berch da drübe?"
Bauer: „Wölcher denn?"
Gast: „Danke schön..."

Ein Münchner steht auf einer Isarbrücke und beobachtet gebannt
die wilden Fluten des Flusses, als er plötzlich in ca. 200 Meter
Entfernung einen Amerikaner entdeckt, der wild mit den Armen
rudert und anscheinend mit dem Ertrinken kämpft. „Help me, help
me!" ruft er verzweifelt. Der Bayer schüttelt den Kopf und schreit
ihm zu: „Des host iatz davo. Hätt'st liaba Schwimma g'lernt statt
Englisch, du Hansdampf!"

 Sitzt eine bayerische Familie beim
Sonntagsfrühstück. Da sagt der Sohn: „Oida, glang ma moi as
Marmelad her!" Der Vater antwortet streng: „Wia hoaßt des
richtig?"
„Okay! Okay! Konfitüre!"

Ein Bayer erzählt am Stammtisch: „Gestern hob i gsehgn, wiar

*a Preiß aus Versehgn a Fliagn verschluckt hod.*
*Jetz hod a im Bauch mehra Hirn ois wia im Kopf!"*

**A Bayer und a Preiss sitzen im Hofbräuhaus. Da Bayer is ganz staad und trinkt gmiatlich sei Mass, wia'n da Preiss oredt:**

**Hofbräuhaus**

„Herr Nachbar, die preußische Zeitung les ich und mit der bayerischen Zeitung wisch ich mir den Hintern ab!" Da Bayer is unbeeindruckt und nimmt an gscheidn Schluck. Drauf packt'n da Preiss beim Arm und schüttelt'n.
„Ham Sie nich gehört, was ich gesagt hab? Die preußische Zeitung les ich und mit der bayerischen wisch ich mir den Hintern ab!" Drauf schaugt'n da Bayer vo obn bis unt o und moant:
„Muasst bloß aufpassen, dass d' am Arsch ned gscheida werst wia im Kopf!"

Ein Bayer geht in Paris bummeln. Im Schaufenster eines Schuhgeschäfts sieht er ein paar schöne Schuhe. Als er den Laden betritt, sagt die Verkäuferin:
„Bonjour, Monsieur!" – Der Bayer antwortet: „Ja, a Paar hellbraune!"

Ein Tourist steht in der Münchner Fußgängerzone vor der St. Michaelskirche und fragt einen Einheimischen: „Entschuldigung, was sind denn das für Figuren da oben?" Der Mann schaut hinauf, schüttelt den Kopf und sagt: "Oiso genau woaß i's aa ned, aber wenn da se um viere rührn, sans Maurer!"

*Drei ältere Damen sitzen auf einer Parkbank im Englischen Garten und unterhalten sich. Meint die eine: "I bin fünfasiebzg (75) Jahr' und siehg wira Luchs. Sogår lesen ko' I no' ohne Bruin."*
*Drauf die zweite: "Und I, I bin scho sechsad'achtzge (86) und ko' stricka, ohne daß I oa oanzige Masch'n verlier!"*
*Worauf die dritte ganz stolz bemerkt: "Und I, I bin scho siemaneinzge (97) und oiwei no' Jungfrau. Toi, toi, toi!!!"*

*Ein Wiener Obdachloser durchstöbert auf seiner täglichen Suche nach Nahrung die Wiener Mülltonnen. Dabei stößt er in einem Kübel auf einen zerbrochenen Spiegel und weicht erschrocken zurück: "Jössas, a Leich!" Er rennt zur nächsten Polizeistation und meldet: "I hob a Leich gfund'n, im dritt'n Mistkübl beim Stefansplotz, schaut's eich des o!" Die Polizei fährt sofort zum besagten Mistkübel, ein Beamter öffnet die Tonne, schaut in den Spiegel, erbleicht und sagt: "Mei Gott, des is jo ana vo uns!" Besagter Polizist nimmt den Spiegel als Beweismittel mit, vergisst ihn aber in seiner Uniform. Abends dann daheim durchwühlt seine Tochter die Jacke nach einer kleinen Taschengeldaufbesserung - findet den Spiegel und*

ruft: „Mama, Mama, da Papa hot a Freindin!" Die
Mutter eilt herbei und sieht sich den Spiegel an:
„Ge mei, ist de hässlich!"

---

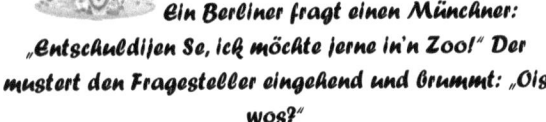

Ein Bayer würde sagen, wenn sein Rasenmäher streikt: „Der
Rasenmäher funktioniert nicht mehr richtig!" Der Kölner sagt da nur: „Mäht nix!"

---

Der Hiasl hat am Vorabend einen riesigen Radi verputzt.
Ausgerechnet jetzt, wo er in der Straßenbahn fährt, ‚rumpelt' ihm einer
raus, grad dass die Scheiben nicht beschlagen. Empört bemerkt ein
Norddeutscher, der neben ihm steht: „Also sowas!" Worauf der Hiasl
ganz ungeniert antwortet:
„Guada Mo, da brauchas net rot wern, des is mir aa scho passiert!"

 **Ein Berliner fragt einen Münchner:**
**„Entschuldijen Se, ick möchte jerne in'n Zoo!" Der**
**mustert den Fragesteller eingehend und brummt: „Ois**
**wos?"**

---

Am 8. Tag erschuf Gott die Dialekte... Alle
Völkchen waren glücklich. Der Berliner sagte:
„Icke hab nen wahnsinns Dialekt, wa?" Der
Hanseate sagte: „Moin Dialekt ist dufte, ne!"

*Der Kölner sagte: „Hey, du Jeck, mit Kölsch feiert man Karneval!" Der Hesse sagte: „Babbel net, di Hessa babbeln des best Hochdeutsch!" Der Sachse sagte: „Ja nu freilisch is äs Sächsisch klosse!"*

*Nur für den Bayer war kein Dialekt übrig. Da wurde der Bayer traurig...... Irgendwann sagte dann Gott:*

*„Scheiss di ned o, Oida, dann redst hoid wia i."*

*Frau zu ihrem Mann: „Lass mi in Ruah, Joseph, i bin sehr verstimmt!"*
*„Ja, wos is iatz, hob i a Frau oder a Klavier gheirat?"*

Der Gumplinger Sepp macht mit seinem fünfjährigen Sohn eine Rundfahrt auf dem Starnberger See. In einem unbeobachteten Moment entwischt der Kleine dem Papa und fällt prompt ins Wasser. Als ein norddeutscher Tourist sieht, dass der Bub nicht schwimmen kann, springt er ohne zu zögern in voller Montur ins Wasser und bringt den Buben wieder heil an Bord. Als er ihn seinem Vater übergibt, meint der nur trocken:

„An Buam ham's rauszogn, aber wo is d'Joppn?"

Ein Tourist spricht am Stachus zwei Männer mit Lederhose an und will nach den Weg zum Marienplatz fragen. Die beiden beachten ihn überhaupt nicht. „Sprechen Sie deutsch?" fragt er. Keine Antwort „Do you speak English?" – Schweigen – „Parlez-vous français?" Die Bayern bleiben stumm. Als sie auch auf die Frage „Parla italiano?" nicht antworten, geht der Urlauber kopfschüttelnd weiter.

„Hast des ghört? Der kann vier Sprachn!", sagt der eine Bayer. „Und", fragt der andere, „hod's eahm wos gnutzt?"

*Ein Ossi, ein Wessi, ein Pole und ein Türke retten eine*
*Fee und haben jeder nur einen Wunsch frei. Der Pole:*
*„In Polän wir haben nich alle Auto. Ich wollen, das ale*
*Polen haben eine Mercädäs." Die Fee schnippt mit den*
*Fingern und alle Polen haben einen Mercedes.*
*Der Ossi: „Seid dor Wände geht's uns immer schleschda.*
*Viele hobm kene Abeit, alles wird deurer und de Wessis*
*gebn uns nür 84sch Prozend. Früher wor Alles besser!*
*Ich will, dass de heilische Mauer wider aufjebaut wird*
*und der Erisch wider leben tut." Die Fee schnippt mit*
*den Fingern und die Mauer steht wieder und im Osten*
*ist wieder Sozialismus.*
*Der Türke: „Ey, isch bin de krasse Mehmet. Isch wünsch*
*mir für jede Türken oberkrasse Harem mit 1.000*
*korrektgeile Frauen mit rischtig dicke Dinger. Ey...und*
*solln koche könne!" Die Fee schnippt und alle Türken*
*sind stolze Besitzer eines Harems.*
*Dann ist der Wessi an der Reihe. Er grübelt einen*
*Augenblick und meint dann: „Also, die Polen klauen*
*unsere Autos nicht mehr, die Türken lassen unsere*
*Frauen in Frieden, die Mauer steht wieder .... ach, dann*

*nehm ich einen Cappuccino!"*

*Im schönen Sachsen, in der Nähe von Leipzig:
Ein Vater möchte seinem 8-jährigen Sohn die Tiere im Wald
zeigen. Sie steigen auf einen Hochsitz. Der Junge schaut
nach Norden und sieht zwei Füchse. Der Vater beobachtet
den Süden und erblickt eine nackte Frau. Der Sohn ganz
aufgeregt zu seinem Vater: „Baba, Figgse, Figgse!!!"
Daraufhin der Vater: „Nür, wenn de dor Müddi nüscht
soochst !!!"*

# Verheiratet sein ist nicht immer Zuckerschlecken

Hebamme zur Gebärenden: „Möchten Sie den Vater bei der Geburt dabei haben?" Diese antwortet: „Um Himmelswillen - Nein! Der versteht sich mit meinem Mann überhaupt nicht!"

Ehe

Der Mann möchte gerne aufstehen. Seine Frau sagt zu ihm: „Du bleibst liegen!" „Ich möchte gerne in die Kirche gehen!" „Du bleibst liegen, der Kirchturm steht morgen auch noch!"

Immer wenn die Straßenbahn vorbeifährt, gerät der Schrank ins Wanken und bricht zusammen. Der Chef der Möbelfirma kommt selbst und baut den Schrank zusammen. Die Frau bittet den Chef: „Könnten sie noch warten, bis die Straßenbahn vorbeifährt, dann können sie die Schwachstelle sehen." Zwischenzeitlich kommt der Mann nach Hause und sieht den Mann im Schrank des Schlafzimmers. „Was machen sie denn da in unserem Schlafzimmerschrank?" „Ich warte auf die Straßenbahn!"

*Sie zu Ihm: „Mensch siehst du hässlich aus mit
der neuen Brille!"
Er: „Ich habe aber gar keine neue Brille." Sie:
„Aber ich!"*

Oma steht im Kaufhaus vor dem Regal mit Kondomen. „Super Kondome mit Geschmack, das probiere ich Zuhause aus" und kauft ein Sortiment. Zuhause angekommen zeigt Sie es dem Opa. „Mensch super Kondome mit Geschmack, die testen wir sofort." Beide sofort ins Schlafzimmer, Tür zu, Licht aus....
Oma: „Mmmmmmh Leeeeeecker Gorgonzola" Opa: „Warte lass ihn mir erst mal überziehen."

*Der Mann stellt sich nackig mit den neuen Schuhen vor seine Frau. „Fällt dir nichts an mir auf." „Nein."
„Ich hab neue Schuhe gekauft!" „Und warum hängt dein Penis so nach unten?" „Äh, er sieht sich die neuen Schuhe an."
„Ich glaube, Du hättest Dir lieber einen neuen Hut kaufen sollen."*

 Opa hat Bauchschmerzen. Oma schickt ihn zum

Arzt. Nach Opa's Rückkehr fragt Oma: „Na, was hat der Arzt gesagt?" Opa: „Er hat mir Zäpfchen gegeben, die soll ich Rektal einnehmen. Was is'n das?" Oma: „Weiß ich auch nicht. Geh am besten gleich noch mal hin und frag." Nach seiner Rückkehr fragt Oma: „Na, was hat er gesagt?" Opa: „Jetzt sagt der Arzt, ich soll sie Anal einnehmen. Was heißt das schon wieder?" Oma: „Weiß ich auch nicht. Am besten du rufst noch mal an!"

Nachdem Opa telefoniert hat, kommt er ganz aufgeregt in die Küche. Oma: „Und? Was hat er gesagt?" Opa: „Ich glaub, jetzt ist er sauer. Er hat gesagt, ich soll sie mir in den Arsch schieben."

---

*Er: „Liebling, hast Du mit anderen Männern geschlafen?" Sie: „Ich habe immer nur mit Dir geschlafen, mein Schatz. Bei den anderen war ich hellwach."*

---

Der Mann kommt zu seiner Frau in die Küche: „Schatzi, du musst doch heute an deinem Geburtstag nicht abspülen, das kannst du auch morgen machen!"

---

Drei Männer unterhalten sich! Der eine: „Neulich habe ich unter das Ehebett geschaut. Da lag ein Golfschläger."
Der andere: „Wird doch deine Frau nichts mit einem

---

Golflehrer haben?"
Der Dritte: „Gestern hab ich auch mal unters Bett geschaut; da lag ein Tennisschläger. Wird doch meine Frau nichts mit dem Tennislehrer haben?" Der Andere: „Ich hab auch unters Bett geschaut; da lag ein Jockey. Wird doch meine Frau nichts mit einem Pferd haben?"

Ein Ehepaar kommt beim Spazieren gehen ins streiten.

Er: „Kaktusse!"

Sie korrigiert ihn: „Das heisst Kakteen!"

Er: „Ich meinte dich!"

Die Hubers feiern ihre Silberhochzeit ganz groß in einem Restaurant. Ein Gast fragt Frau Huber: „Wie kann man es denn so lange miteinander aushalten?" „Wir verstehen uns einfach blind", gerät sie ins Schwärmen.
„Wir verwenden sogar die gleichen Handtücher.
Auf dem einen steht ein ‚A' für ‚Antlitz' und dem andern ein ‚G' für Gesäß."
„Ha?", unterbricht der Ehemann verwundert die Unterhaltung. „Und ich Depp habe immer gemeint, es heißt Arsch und Gesicht!"

Ein altes Ehepaar sitzt wie immer gemeinsam beim Frühstück auf der Terrasse. Auf einmal holt die alte Frau aus und versetzt ihrem Gatten einen Haken, dass es ihn rückwärts von seinem Gartenstuhl haut. Fragt der Alte verwundert: „Wofür zum Geier war denn das?" Sie antwortet: „Für 45 Jahre schlechten Sex!" Er sitzt grübelnd auf seinem Stuhl. Nach einer Weile steht er auf und haut ihr dermaßen eins auf die Glocke, dass sie samt Stuhl von der Terrasse fliegt. „Warum hast Du das getan?", schreit sie ihn an.
Er antwortet: „Woher kennst Du den Unterschied zwischen gutem und schlechtem Sex?"

*Zwei Freunde unterhalten sich beim Bier: „Wie ist dein gestriger Krach mit deiner Frau ausgegangen?" „Ha, auf den Knien kam sie angekrochen!" „Und was hat sie gesagt?" „Ewig kannst du nicht unter dem Tisch bleiben, du Feigling!"*

Ein BMW Fahrer fährt mit ca. 250 km/h auf der Autobahn in einer 100er Zone. Er wird von einem Streifenwagen verfolgt. Nach einer halben Stunde wilder Verfolgungsjagd stoppt er endlich. Der Polizeiobermeister sagt: „OK, wenn sie mir eine Ausrede liefern, die ich noch nie gehört habe, kommen sie diesmal so davon."
Daraufhin der BMW-Fahrer: „Also, meine Frau ist letzte Woche mit einem Polizisten durchgebrannt. Als ich Sie im

*Rückspiegel sah, dachte ich, Sie wollten sie mir wieder zurückbringen..."*

Sie zu ihm: „Siehst du eigentlich beim runter sehen noch deine Zehen?" „Nein!" „Siehst du, dein Bauch ist zu dick!" Er zu ihr: „Und siehst du beim runter sehen deine Zehen?" „Aber natürlich!" „Siehst du, dein Busen ist zu klein!"

Ein Ehepaar gerät am Frühstückstisch in einen Streit. Als letztes antwortet der Mann: „Und im Bett... bist Du auch nicht gut." In der Arbeit angekommen, tut es dem Mann leid, was er so gesagt hat und ruft seine Frau an. Es klingelt und klingelt, endlich hebt seine Frau den Hörer ab. Der Mann fragt, warum hat es so lang gedauert, bist den Hörer abgenommen hast. Die Frau: „Ich war im Bett." „Im Bett" fragt der Mann. „Ja" sagt Sie, „ich habe mir eine zweite Meinung eingeholt."

*Die Frau möchte einen besonderen Abend gestalten und legt ihr blaues Negligé auf das Ehebett. Ihr Mann kommt dazu. Sie fragt ihren Mann: „Liebling was fällt dir denn ein, wenn du das siehst?"*
*„Oh, die blaue Tonne muss noch rausgestellt werden!"*

Ein Mann ist nach vielen harten Ehejahren erlöst worden – er ist gestorben und kommt natürlich in den Himmel. An der Himmelspforte steht Petrus: „Bevor du in das Himmelreich eintrittst musst du noch eine Prüfung bestehen. Buchstabiere bitte das Wort ‚Otto‘." „o – t – t – o".

„Bestanden, tritt ein ins Himmelreich", sprach Petrus. Drei Monate später stirbt seine Frau. Petrus ist verhindert, da stellt sich nun der Ehemann an die Himmelspforte.

„Liebe Frau, bevor du in das Himmelreich eintrittst musst du noch eine Prüfung bestehen. Buchstabiere bitte das Wort ‚Chrysanthemenpuket'!"

---

Die 5 Geheimnisse einer funktionierenden Beziehung:

1. Es ist wichtig einen Mann zu finden, der im Haushalt mithilft, der von Zeit zu Zeit kocht, aufräumt und noch dazu einen Job hat.

2. Es ist wichtig einen Mann zu finden, der Dich zum Lachen bringt.

3. Es ist wichtig einen Mann zu finden, auf den Du Dich verlassen kannst und der nicht lügt.

4. Es ist wichtig einen Mann zu finden, der gut im Bett ist und der gerne mit Dir Sex hat.

5. Es ist wichtig, dass sich diese vier Männer nicht kennen.

---

*Ein Mann sitzt ruhig am Frühstückstisch und liest die*

Bild-Zeitung. Seine Frau stellt sich plötzlich hinter ihn und haut ihm mit einer Pfanne eine über die Birne.

„Was war denn das nun wieder?", fragt er, während er sich über den Kopf reibt. „Das war wegen des Papierfetzens in deiner Hosentasche mit dem Namen Mary-Lou darauf," antwortet sie. „Aber mein lieber Schatz!" sagt er mit weicher Stimme, „vor zwei Wochen war ich mit Hans und Peter beim Trabrennen, und Mary-Lou war der Name des Pferdes, auf das wir gewettet haben." Sie akzeptiert seine Erklärung, fühlt sich

ziemlich blöd und entschuldigt sich.

Drei Tage später sitzt er wieder ruhig da und liest seine Bild-Zeitung, als seine Frau sich wieder hinter ihn hin stellt und ihm einen fürchterlichen Schlag über die Birne zieht - mit einer noch viel größeren Pfanne. Der Mann landet mit dem Kopf in den Cornflakes und bleibt da eine Weile bewusstlos liegen. Nach einigen Minuten kommt er wieder mit ernsthaften Kopfschmerzen zu sich; Blut läuft ihm über den Mund. „Was hatte das denn nun wieder für einen Zweck?", fragt er, während er versucht, einigermaßen stabil auf seinem Stuhl sitzen zu bleiben. „Dein Pferd hat angerufen!"

---

Der Freund fragt: „Kennst Du den Unterschied zwischen einem glücklichen und einem unglücklichen Ehemann?" „Na klar", meint Kurt, „der eine hat ein trautes Heim, der andere traut sich nicht heim!"

„Papa, immer wenn du nicht da bist, kommt der Mann vom
Umweltschutz!"
„Vom Umweltschutz?"
„Ja, er will wissen, ob die Luft rein ist."

Ein kinderloses Ehepaar wünscht sich
sehnlichst Nachwuchs und fragt den Pfarrer
um Rat. Der empfiehlt eine Pilgerfahrt nach
Lourdes. Das Paar befolgt den Rat und stiftet
in der Grotte eine Kerze..... Die Jahre
vergehen und irgendwann fällt dem Pfarrer
die Geschichte wieder ein. Als er das Paar
besuchen will, öffnet ein kleines Mädchen.

"Na, meine Kleine", sagt der Pfarrer, ist
deine Mama zu Hause?" „Nein, sie bekommt
gerade ihr sechstes Kind!" „Und wo ist dein
Vater?"
„Der ist nach Frankreich gefahren, um dort
irgendwo eine Kerze auszublasen!"

Frau am Frühstückstisch: „Manchmal möchte ich gerne
deine Zeitung sein, dann würdest du nur mir Beachtung
schenken." Er: „Keine schlechte Idee, dann hätte ich jeden
Tag eine neue Frau!"

**Ein Mann beim Uhrmacher:** *„Ich möchte etwas ganz besonderes zum 30. Hochzeitstag für meine Frau." „An was hätten Sie dabei gedacht?" „An eine goldene Uhr; in der Mitte eine roten Rabiner!"*
*„Sie meinen wohl einen roten Rubin." „Ganz genau, und rund herum mit blauen Antisemiten bestückt!"*
*„Sie meinen wohl blaue Amnetisten." „Richtig, und auf der Rückseite sollen die Genitalen meiner Frau stehen!"*
*„Sie meinen wohl die Initialen Ihrer Frau?" „Jawohl; was wird so eine Ausfertigung Kosten!" „Bei dieser Ausfertigung müssen Sie mit 6 000,00 Euro rechnen!"*
*„Oh Gott, das reißt ein ganz schönes Loch in mein Bidet!"*

Ein Mann lag seit längerem im Koma, aus dem er ab und zu erwachte. Seine Ehefrau war Tag und Nacht an seinem Bett. Eines Tages, als er wieder einmal bei Bewusstsein war, deutete er ihr, näher zu kommen. Er flüsterte: „In all den schlimmen Zeiten warst du stets an meiner Seite. Als ich entlassen wurde, warst du für mich da. Als dann mein Geschäft pleiteging hast du mich unterstützt. Als wir das Haus verloren, du hieltest zu mir. Als es dann mit meiner Gesundheit abwärts ging, warst du stets in meiner Nähe. Weißt Du was?" Ihre Augen füllten sich mit Tränen der Rührung. „Was denn, mein Liebling?" hauchte sie. „Ich glaube, du bringst mir Pech!!"

Eine Frau möchte mit ihrem Liebhaber ins Bett gehen. „Mein Mann ist sehr eifersüchtig aber kommt nie vor sechs Uhr abends nach Hause", antwortet sie. Er lässt sich überreden. Als sie sich ausgezogen hatten und ins Bett gehen wollten hören sie die Haustürschlüssel des Mannes.

Der Liebhaber steht nackig da und hält seine Klamotten unterm Arm. „Ich gehe in den Schrank!" „Nein, im Schrank sieht mein Mann als erstes nach wenn er eifersüchtig ist." „Dann lege ich mich unter die Couch." „Nein, unter der Couch sieht er als zweites nach wenn er eifersüchtig ist." „Geh doch hinter den Fernseher, wenn mein Mann den Fernseher an macht, hört und sieht er nichts anderes."

„Hallo mein Schatz, warum kommst du denn schon so früh?" „Heute läuft doch das Fußballspiel Bayern gegen Dortmund im Fernseher, da habe ich früher Schluss gemacht; übrigens da ist doch was faul, wenn du Schatz zu mir sagst? Das hast du doch schon ewig nicht mehr gesagt."

Er sieht im Schrank nach, beugt sich unter die Couch und setzt sich beruhigt auf die Couch – schaltet den Fernseher an und guckt Fußball.

„Liebling, holst du mir bitte ein Bier?" „Aber natürlich mein Schatz." Sie geht in die Küche, macht den Kühlschrank auf, nimmt ein Bier heraus. Da sie am ganzen Körper zittert, fällt ihr das Bier aus der Hand auf den Boden ohne zu brechen, springt in die Höhe und sie fängt es auf. Sie geht zu Ihrem Mann

und erzählt dieses komische Vorkommnis.
Mann: „Beim Fußball geschah ebenfalls etwas
Außergewöhnliches: In der dritten Minute wurde ein
Dortmunder vom Platz gestellt; er packt seine
Sachen zusammen und geht bei uns durch die
Wohnzimmertüre hinaus!"

---

*Die Ehefrau bittet ihre attraktive junge Nachbarin:
„Könnten Sie sich heute Nachmittag wieder einmal
auf der Terrasse sonnen? Es wird Zeit, dass mein
Mann unseren Rasen mäht."*

---

„Ich glaube, ich habe mir BSE am Penis zugezogen"
sagt der Mann zu seinem Freund. „Denn, immer wenn
sich meine Frau darauf sitz, wird sie wahnsinnig."

---

**„Ich habe einen Freund, der ist so unter dem
Pantoffel! Er hat sich vor zwei Jahren sterilisieren
lassen und traut es sich heute noch nicht seiner
schwangeren Frau zu sagen."**

*Der Himmel ist total überfüllt! Petrus und der
Chef einigen sich darauf, künftig nur noch Fälle aufzunehmen, die
eines besonders spektakulären Todes gestorben sind.
Es klopft an der Himmelstür. Petrus sagt: „Nur noch
außergewöhnliche Fälle!" Der Verstorbene: „Höre meine Geschichte!
Ich dachte schon immer, meine Frau betrügt mich. Also komme ich*

überraschend 3 Stunden früher nach Hause, renne wie wild die 7 Stockwerke hoch zu meiner Wohnung, reiß die Türe auf, suche wie ein Wahnsinniger die ganze Wohnung ab – und – auf dem Balkon finde ich einen Kerl und der hängt am Geländer. Also ich einen Hammer geholt und dem Sack auf die Finger gehauen, der fällt runter und... landet direkt auf einem Strauch und steht wieder auf... die Sau. Ich zurück in die Küche, greife mir den kompletten Kühlschrank und schmeiß das Ding vom Balkon: Treffer. Nachdem die Sau nun platt ist, bekomm ich von dem ganzen Stress einen Herzinfarkt." „Ok" sagt Petrus, „komm rein!"

Kurz darauf klopft es wieder. „Nur außergewöhnliche Fälle," sagt Petrus. „Kein Problem", sagt der Verstorbene. „Ich mach wie jeden Morgen, meinen Frühsport auf dem Balkon, stolpere über den beschissenen Hocker, fall über das Geländer und kann mich in letzter Sekunde ein Stockwerk tiefer am Geländer festhalten. Geil, was für ein Glück, ich lebe noch.

Da kommt plötzlich ein durch geknallter Idiot und haut mir mit dem Hammer auf die Finger. Ich stürze ab, lande auf einen Strauch – Glück gehabt. Doch dann, ich schau nach oben, trifft mich dieser blöde Kühlschrank." „Ok, rein in meinen Himmel", sagt Petrus.

Und schon wieder klopft es an der Himmelstür. „Nur außergewöhnliche Fälle", sagt Petrus. „Kein Thema", sagt der Verstorbene. „Ich sitze nach einer scharfen Nummer völlig nackt im Kühlschrank,..." „Rein", brüllt Petrus.

Nach der Hochzeitsnacht sitzt das Pärchen am Frühstückstisch. „Liebling, mit einer Lüge möchte ich unsere Ehe nicht beginnen" sagt er. „Ich muss Dir gestehen, dass ich von Anfang an farbenblind bin." „Wenn Du so aufrichtig zu mir bist, muss ich

> Dir auch etwas gestehen; ich komme gar nicht aus Rosenheim, ich komme aus Kenia!"

„Karl, wo hast Du denn Deine Frau kennengelernt?" „Aus der Zeitung heraus!" „Da kommt Sie auch wieder rein."

> Bei der goldenen Hochzeit wird der Ehemann gefragt: „Was war denn die schönste Zeit in all den Ehejahren?" „Die fünf Jahre russische Kriegsgefangenschaft ..."

Opa möchte mit Oma schlafen. Oma ist nur einverstanden wenn Opa dazu einen Gummi nimmt. „Warum willst du nach 50 Jahren Ehe mit einem Gummi?" „Ich möchte nicht von deinen faulen Eiern eine Salmonellen-Vergiftung bekommen."

Ein Ehepaar sitzt abends vor dem Fernseher und schaut sich eine Tiersendung an. Sie zu ihm: „Du Schatz, findest du nicht auch, dass Nagetiere dumm und gefräßig sind?" Er: „Ja, mein Mäuschen!"

Ein Mann kommt spät in der Nacht nach Hause. Seine Frau fragt ihn: „Was machst du denn für ein

Gesicht?" Ihr Mann antwortet: „Wenn ich Gesichter machen könnte, hättest du schon lange ein Neues!"

Ein Ehepaar fährt in den Urlaub. Schon nach ca. 100 km bleibt das Fahrzeug auf der Autobahn stehen. Fragt die Frau ihren Mann: „Was ist denn passiert?" „Das Benzin ist ausgegangen?" sagt er. „Mensch, ich bewundere dich, wie du dich mit Autos auskennst!"
„Also ich, ich wär jetzt da einfach weiter gefahren!"

Das Paar ist seit 30 Jahren verheiratet und man feiert in dem Zimmer des Hotels, wo man die Hochzeitsnacht verbracht hatte. Der Mann liegt schon im Bett, als seine Frau aus dem Bad kommt, splitternackt, genau wie damals. Verführerisch fragt sie ihn: „Sag mal, Liebling, was hast Du damals gedacht, als ich so aus dem Bad kam?"
Er erwidert: „Ich habe Dich gemustert und mir gedacht, ich möchte Deine Brüste aussaugen und dir den Verstand wegbumsen!" „Und was denkst Du heute?" fragt sie mit vor Erregung zitternder Stimme. Meint der Mann: „Ich denke dass mir das ganz gut gelungen ist..."

Samstagmorgens. Der Vater hat unheimlich Lust, seine Frau zu vernaschen, aber was soll in der Zeit mit dem 5-jährigen Sohn passieren? Kurzerhand schickt er diesen auf den Balkon: „Schau mal was so los ist, und erzähle es uns." Vati ist mit Mutti schon schwer am jockeln als die Stimme des Kleinen vom Balkon tönt: „Schmidts haben sich ein neues Auto gekauft, einen Golf!" Der Vater keucht: „Super, beobachte weiter." 2 Minuten später, vom Balkon: „Meiers bekommen gerade Besuch aus Frankfurt." Der Vater keucht wieder: „Ok, beobachte weiter." Weitere 3 Minuten später: „Müllers bumsen gerade." Der Vater springt erschrocken von der Mutter: „Wie kommst du denn darauf?"

Kommt es von draußen: „Sie haben ihren Sohn auf den Balkon geschickt."

Der Kinderwunsch, einen Stammhalter, hat sich bei einem Ehepaar noch nicht erfüllt. Die Frau wird schwanger und gebärt einen Sohn. Ganz aufgelöst vor Freude fährt der Ehemann in das Krankenhaus und geht sofort zur Kinderstation. Er ist sehr enttäuscht über das Aussehen seines Sohnes und konfrontiert seine Frau: „Wir haben zwei wunderhübsche Töchter und nun endlich einen Sohn, der wirklich hässlich aussieht. Frau, bist du mir vielleicht bei unserem Sohn fremd gegangen?"

> *Sie: „Nein, dieses Mal nicht!"*

*Vor 32 Jahren habe ich meine Frau kennen gelernt; vor 30 Jahren habe ich meine Frau geheiratet und vor zwei Wochen habe ich meine Frau richtig kennen gelernt.*

**Mann kommt nach Hause, erwischt seine Frau beim Sex mit einem Freund und erschießt ihn. Sagt seine Frau zu ihm: „Mach nur so weiter, dann werden wir bald keine Freunde mehr haben."**

Warum sagen eigentlich so viele Männer zu ihren Frauen ‚Schatzi'? Weil sie sich nicht entscheiden können, entweder ‚Schaf' oder ‚Ziege' zu sagen.

# *F*rauen; kennst du eine, kennst du alle

Dialog im Kerzenlicht:
Stammelt sie: „Küss mich noch
einmal, und ich gehöre Dir ein
Leben lang!"
Er: „Danke für die
Warnung!..".

*Frau beim Lösen eines Kreuzworträtsels: „Antikes
Monument?" Antwortet der Mann: „Denkmal!"
Sie: „Mach ich ja, aber es fällt mir einfach nicht ein!"*

Eine junge Dame stürmt aufgeregt ins Polizeirevier: „Herr
Wachtmeister, ich möchte eine Anzeige machen. In der U-
Bahn Richtung Olympiazentrum hat mir jemand den
Geldbeutel gestohlen!"
Der Polizist fragt: „Wo hatten sie ihren Geldbeutel
verstaut? In der Handtasche?" „Nein", meint sie, „ich
haben mein Geld immer direkt am Körper in meiner
Rocktasche, damit es mir keiner nehmen kann!" „Ja, und

da haben nicht gemerkt, dass ihnen jemand in den Rock hinein gefasst hat?" fragt der Polizist entgeistert.

„Doch, schon" drückt sie rum, „aber ich habe geglaubt, der hätte ehrliche Absichten."

Die Flut lässt nach, die Arche Noah strandet. Moses lässt eine Taube fliegen, die 14 Tage später mit einem Ölzweig zurückkehrt. War diese Taube männlich oder weiblich? Männlich – eine weibliche Taube könnte nicht 14 Tage den Schnabel halten.

*Die Idealmaße einer Frau: 80 – 20 – 42. 80 Jahre alt, 20 Millionen auf der Bank, 42 Grad Fieber.*

**Die Tugenden einer Frau: - Sie geben Milch, ohne Gras zu essen! - Sie Bluten, ohne sich zu schneiden! - Sie werden nass, ohne dass Sie im Regen stehen! - und sie machen den Mund auf ohne gefragt zu werden!**

Warum arbeiten Frauen auch am Wochenende? Damit man sie am Montag nicht neu anlernen muss.

Der Sohn vom Bergbauern geht mit seiner neuen Freundin auf der Wiese seines Vaters spazieren. Auf einmal sehen sie, wie der Stier auf die Kuh steigt. Flüstert er ihr ins Ohr: „Liebling, das würde ich jetzt auch gerne." Meint sie: „Kannst du ja, sind doch eure Kühe!"

---

Was ist das, wenn eine Frau in den Himmel kommt? - Ein Engel!
Was ist das, wenn zwei Frauen in den Himmel kommen? - Zwei Engel!
Was ist das, wenn alle Frauen in den Himmel kommen? - Friede auf Erden!

---

Ein Mann möchte seine Frau umbringen. Er geht zur Apotheke und verlangt Zyankali. Der Apotheker mustert ihn streng und meint: „Sie wissen aber schon, dass ich Ihnen das so ohne Weiteres nicht geben darf?" Der Mann öffnet seinen Geldbeutel, holt ein Foto seiner Gattin heraus und legt es auf die Theke. Der Apotheker wirft einen Blick darauf und meint: „Entschuldigung, ich wusste nicht, dass Sie ein Rezept dabei haben."

*Warum sagt man nicht „dumme Frau"? - Man sagt ja auch nicht „Tote Leiche"!*

Eine junge Frau geht im Supermarkt einkaufen und hat an der Kasse folgende Artikel im Korb: 1 Stück Seife, 1 Zahnbürste, 1 Tube Zahnpasta, 1 Pfund Brot, 1 Liter Milch, 1 Backofenpizza, 1 Joghurt.
Der Kassierer sieht die Frau an, lächelt und sagt: „Single, hä?" Die Frau lächelt schüchtern zurück und fragt: „Wie haben Sie das bloß rausgefunden?" Er antwortet: „Weil Sie so hässlich sind!"

Was ist die Mehrzahl von Frau? ...Putzkolonne

Ein Herr heißt Herr, weil in seinem Handeln stets eine gewisse Herrlichkeit zum Ausdruck kommt. ...Und eine Dame heißt Dame, weil ...

Frauen sind die besseren Motoren als Männer? 1. Der Kolben passt immer. 2. Er wird automatisch geschmiert. 3. Alle vier Wochen gibt es automatisch einen Ölwechsel.

*Warum haben Frauen Beine? Schaut Euch doch nur mal*

---

*die Sauerei bei den Schnecken an.*

---

Warum tragen Mädels beim Fallschirmspringen Tampons? Damit es auf dem Weg nach unten nicht pfeift.

„Und wie geht es dir jetzt nach der Scheidung", fragt die Freundin. „Sehr gut, habe mich neu eingerichtet, neu eingekleidet, neuen Job!" „So, was machst du denn jetzt?" „Ich arbeite beim Theater!" „Wow!" „Ich verteile die Rollen!" „Das ist aber schwer, oder?" „Ach nein, auf jede Toilette Zwei!"

---

Was ist der Unterschied zwischen einer Frau und einem Tumor?
Der Tumor kann gutartig sein.

---

*Drei Frauen essen Weißwürste!*
*Die erste nimmt Messer und Gabel, schneidet quer durch die Pelle und*

*isst die Weißwurst samt Pelle.*
*Die zweite nimmt ebenfalls Messer und Gabel, schneidet die Pelle von oben nach unten auf, entnimmt das Innere mit der Gabel und isst.*
*Die dritte Frau nimmt die Weißwurst mit der Hand, zieht mit den Zähnen die Wurst unter der Pelle hervor und isst.*
*Frage; Welche dieser drei Frauen ist verheiratet?*
*Lösung: Die Frau, die den Ehering trägt!*

**Gott gab dem Menschen Intelligenz.... ...Ausnahmen bekommen die Regel.**

Wenn sich Männer mit dem Kopf beschäftigen nennt man das Denken. Wenn sich Frauen mit ihrem Kopf beschäftigen, nennt man das frisieren.

> *Frauen hinter dem Herd! Blödsinn – wenn die Schalter doch alle vorne dran sind.*

Warum können Frauen nur beim Sex denken? Na, nur da sind sie mit dem Hauptrechner verbunden.

*Heute Morgen war ich beim Bäcker. War 5 Minuten im Laden drin. Als ich wieder rauskam, war da eine Politesse und schrieb gerade einen Strafzettel aus. Also ging ich zu ihr hin und sagte: „Ach komm, Puppe, kannst Du einem Kerl wie mir nicht mal eine Pause gönnen?" Sie ignorierte mich und schrieb das Ticket weiter aus. Also nannte ich sie eine ganz sture Beamtenschnalle.*

*Sie sah mich an und begann ein weiteres Ticket für abgefahrene Reifen zu schreiben! Also nannte ich sie eine* blöde Schlampe. Da begann sie ein drittes Ticket zu schreiben! So ging es die nächsten 20 Minuten weiter.

Je mehr ich sie beleidigte, je mehr Tickets schrieb sie aus............ Mir war das egal........ mein Auto stand ja um die Ecke ......

---

**Ein alter Mann kommt nach Hause. Seine Frau steht nackt auf der Treppe und schaut ihn erwartungsvoll an. Der Mann schaut hoch und fragt: „Was machst du denn da?"**

**Sagt die Frau: „Ich habe das Kleid der Liebe an!" Sagt der Mann: „Du hättest es aber vorher noch einmal bügeln können!"**

---

*Nachdem der liebe Gott Mann und Frau erschaffen hatte betrachtete er sein Werk. Zuerst fiel sein Blick auf den Mann und er sagte: „Also ich muss mich selbst loben. Diese wunderbare Form des Körpers, die wohlgelungenen Proportionen, die vollendete Ästhetik - ein perfektes Werk!"*

*Danach sah er die Frau an und meinte achselzuckend: „Na gut, Du musst Dich halt schminken..."*

Warum gibt es mehr Frauen als Männer?

Weil es mehr zu putzen gibt, als zu denken.

---

*Woran erkennt man, dass eine Frau eine Strumpfhose an hat?*
*Wenn sie einen ziehen lässt, blähen sich die Waden auf.*

---

Warum spielen Frauen ab 30 nicht mehr verstecken?
Antwort: „Weil sie keiner mehr sucht!"

Die Ehefrau stellt fest: „Der junge Mann von gegenüber küsst seine Frau jedes Mal, wenn er nach Hause kommt. Das tust Du nie!" – „Aber Schatz", entschuldigt sich der Ehemann, „ich kenne die Frau doch gar nicht!"

---

Was dauert länger? Einen Schneemann oder eine Schneefrau zu bauen? Schneefrau: Das aushöhlen des Gehirns dauert eben seine Zeit!

---

**Was haben ein Computer und eine Frau gemeinsam? Hätte man noch ein halbes Jahr gewartet, gäbe es was Besseres.**

*Was ist der Unterschied zwischen einer Mücke und einer Frau? Bei der Mücke muss man nicht den Kopf kraulen wenn Sie am saugen ist!*

Warum bist du so gut gelaunt? „Gestern Morgen sagte mein Chef zu mir, dass ich befördert werde und mein Gehalt verdoppelt wird. Mittags kontrollierte ich die Lottozahlen und stellte fest, dass ich 6 Richtige plus Superzahl habe. Als ich abends nach Hause kam, saß meine Frau auf gepackten Koffern und verließ mich."
„Wenn es einmal läuft, dann läuft es!"

---

Was ist passiert wenn Ihnen die Frau im Flur begegnet?
Die Kette ist zu lang!

---

Sagt eine Frau zu einem Bekannten: „Wenn ich mit dir verheiratet wäre, würde ich dir Gift ins Bier schütten!" Er antwortet: „Und wenn ich mit dir verheiratet wäre, würde ich es freiwillig trinken!"

**Was macht man, wenn die Schwiegermutter auf einen zu taumelt? Noch mal schießen!**

---

*Was verändert sich, wenn in der Küche eine Bombe explodiert? Nichts, das Chaos bleibt das gleiche, nur das Geschrei hört auf!*

---

*Was zeigt man einer Frau, die 10 Jahre lang unfallfrei gefahren ist? Den 2. Gang!*

> *„Würdest du dir Schuhe kaufen, wenn du*
> *keine Füße hättest?" „Nein!"*
> *„Warum kaufst du dir dann einen*
> *Büstenhalter?"*

Jeder Mann denkt, der Traum aller Frauen ist, den perfekten Mann zu finden… so ein Quatsch!
Der Traum aller Frauen: Essen ohne dick zu werden.

Wie viele maximal pigmentierte braucht man, um die Küche sauber zu machen? - Keinen Einzigen; ist reine Frauensache!

Wer jemals glaubte, dass Frauen das schwächere Geschlecht sind, sollte mal versuchen nachts die Bettdecke auf seine Seite zu ziehen!

*Als Adam und Eva auf die Welt kamen, kam es*

dazu, dass Eva zum ersten Mal in ihrem Leben ihre Tage bekam.

Ganz entsetzt läuft Adam in den Weinberg und reißt die grünen Weintrauben vom Stamm. Er stopft sie Eva in die Scheide. Kurz darauf fing es wieder an zu bluten.

Adam läuft zum Bananenstrauch, pflückt eine Banane und stopft sie in Eva's Scheide bis zum Anschlag. Er dauert nicht lange und es fließt wieder Blut.

Ganz verzweifelt läuft Adam zum Fluss, schnappt sich einen Fisch und stopft ihn in Eva's Scheide. Dicht, kein Blut mehr.

Und seither ist es so, dass die Trauben rot werden, die Banane krumm ist und wie der Fisch vorher gerochen hat, weiß man nicht mehr genau.

# *Ein* Gerichtstermin steht an

*Richter zum Verurteilten:*
*„Das Urteil ist gesprochen.*
*Angeklagter sie können*
*entscheiden zwischen 3*
*Wochen Haft oder 400 €."*
*„Herr Richter, da nehme*
*ich doch lieber das Geld."*

Die Frage nach der Vaterschaft ist bei der Gerichtsverhandlung nach wie vor ungeklärt. Bei der Befragung der in Frage kommenden fünf Männer kommt man nicht zu einem Ergebnis. Die letzte verzweifelte Frage des Richters an die Klägerin:
„Fräulein Elisabeth, können sie sich wirklich keinen Reim darauf machen, wer denn nun der Vater ihres Sohnes Benjamin sein könnte?"
Klägerin: „Herr Richter, ich möchte ihnen ein Beispiel geben: Halten sie ihren Hintern mal in eine Kreissäge und sagen mir dann, welcher Zahn der Säge sie als erstes geritzt hat!"

Ein Strafrichter ist Vater von Vierlingen geworden. Er stöhnt verzweifelt: „Ich glaube, ich werde das Verfahren einstellen müssen."

Der Richter fragte den Landstreicher: „Wann arbeiten Sie eigentlich?" – „Ach, hin und wieder." – „Und was arbeiten Sie?" – „So dies und jenes." – „Und wo arbeiten Sie?" – „Hier und dort." – „Haben Sie vielleicht einen Wohnsitz?" – „Mal ja, mal nicht." – „Dann" sagte der Richter, „werde ich Sie jetzt erst mal einbuchten." – „Und wann komme ich wieder raus?" – „Früher oder später!"

Im Gerichtssaal. Richter: „Was genau war denn in dem Brief?" Angeklagter: „Sag ich nicht, Briefgeheimnis!" Richter: „Was haben Sie demjenigen, den Sie daraufhin angerufen haben, gesagt?" Angeklagter: „Sag ich auch nicht, Fernmeldegeheimnis." Richter: „Und wie viel Geld habe sie nun letztendlich bekommen?" Angeklagter: „Sag ich nicht, Bankgeheimnis!" Richter: „Nun dann verklage ich sie zu 2 Jahren Haft!" Angeklagter: „Warum das?" Richter: „Staatsgeheimnis."

Richter: „Josef, haben Sie die Maria geschwängert?"
Josef: „Des wois i net, des ken i net. Wos soi des sei?"
Richter: „Hatten Sie mit ihr ein Verhältnis?" Josef:
„Des ken i a net." Beisitzer: „Herr Richter, ich könnte vielleicht besser mit dem Angeklagten sprechen, ich komme aus der gleichen Gegend im Bayerischen Wald." Ok!
„Sepp, hast de Mare bousst?" Josef: „Und wea!"

Ein Hund kam in eine Metzgerei und

*stahl einen Braten. Glücklicherweise erkannte der
Metzger den Hund als den eines Nachbarn, einem
Anwalt.
Der Metzger rief den Anwalt an und sagte: „Wenn
dein Hund einen Braten aus meiner Metzgerei stiehlt,
bist du dann für die Kosten verantwortlich?" Der
Anwalt erwiderte: „Natürlich. Wie viel kostet das
Fleisch?" - „30 Euro."
Ein paar Tage später erhielt der Metzger einen Scheck
über 30 Euro mit der Post. Angeheftet war eine
Rechnung mit folgendem Text: „Rechtsauskunft: 250
Euro."*

**Ein Bayer steht vor Gericht, weil er zwei
Preussen angefahren und schwer verletzt hat. Richter:
„Angeklagter, sagen sie die Wahrheit!" Bayer: „D'Stross war
eisig, mei Wong is ins Schleidan kemma..." Richter: „Wir
August, sie sollen die Wahrheit sagen!" Bayer: „Es hod grengt
und Laub war auf da Stross..." Richter: „Seit Tagen scheint die
Sonne. Zum letzten Mal, die Wahrheit!"
Bayer: „Oiso guad. D'Sonn hod gschiena und scho von weitem
hob i de zwoa Preissn gseng. Dann hob i einfach auf de
draufghoidn. Der oane is durch die Frontscheim, der anda is in
Hauseingang gflong. I berei nix!"
Richter: „Na, also. Warum denn nicht gleich so? Den einen
verklagen wir wegen Sachbeschädigung, den anderen wegen
Hausfriedensbruch!"**

*Fragt der junge Richter seinen
ergrauten Kollegen: „Ich habe da einen
Schwarzbrenner, der Zwetschgengeist produziert*

hat, wie viel soll ich ihm wohl geben?" – „Auf
keinen Fall mehr als fünf Euro pro Liter!"

---

*Ein Gelegenheitsarbeiter spricht während der Gerichtsverhandlung den
Staatsanwalt immer mit ‚Herr Rechtsanwalt' an.
„Sie, ich bin der Staatsanwalt, wenn ich bitten darf." Antwort: „Herr
Anwalt, das musst du doch selbst wissen, was du bist!"*

---

*Eine Frau steht vor Gericht. „Angeklagte", sagt
der Richter, „Ist es nicht etwas seltsam, dass Ihre ersten
vier Männer an einer Pilzvergiftung gestorben sind? Und
Ihr fünfter Mann ist nun bei einer gemeinsamen
Bergtour mit Ihnen tödlich verunglückt. Soll es sich
hierbei tatsächlich um lauter Zufälle gehandelt haben?"
„Nein, Herr Richter" gibt die Frau zu, „der fünfte
mochte keine Pilze!"*

*Es passierte im Rotlichtmilieu: Der Gast war
mit den Leistungen der Dame nicht zufrieden und wollte
nicht bezahlen. Sie bestand natürlich auf Ihren
Liebeslohn und nach einigem Hin und Her einigte man
sich darauf, die Sache gerichtlich zu klären.
Als nun einige Wochen später beide vor dem Gerichtssaal
auf den Beginn der Verhandlung warten, kommt der
Richter heraus und sagt: „Nun haben wir ein Problem.
Heute ist hier Tag der offenen Tür und wir haben eine*

*Schulklasse zu Besuch. Da können wir ein so delikates Thema nicht verhandeln. Daher habe ich eine Idee: Machen wir eine Immobilien-Sache daraus." Die beiden sind einverstanden und so kann die Verhandlung beginnen.*

*Der Richter fragt: „Herr Angeklagter, bitte erklären Sie uns doch einmal, warum Sie die Miete für die Wohnung nicht bezahlen wollen."*

*Der Mann antwortet: „Herr Richter, das ist ganz einfach: Erstens war es ein ungepflegter Altbau, zweitens waren die Zimmer viel zu feucht und drittens waren die Räume viel zu groß!"*

*Darauf der Richter: „Das sind ja schwere Anschuldigungen. Was hat denn die Vermieterin dazu zu sagen?"*

*Die Frau entgegnet: „Dass es ein Altbau ist, hat er gesehen, bevor er eingezogen ist. Feucht geworden ist es erst, nachdem er eingezogen ist.*

*Und was kann ich bitteschön dafür, wenn er so kleine Möbel hat?"*

---

Reiner, Gerd und Erich sind zum Vaterschaftsprozess vorgeladen. Reiner: „Ich habe eine prima Idee: Wenn wir alle die Vaterschaft anerkennen, kann uns gar nichts passieren!" Die beiden anderen stimmen begeistert zu und sind erleichtert. Als erster muss Reiner vortreten. „Erkennen Sie die Vaterschaft an?" „Jawohl Herr Richter!" „Ok, die Beweisaufnahme ist somit abgeschlossen."

---

*Drei Männer vor dem schielenden Richter.*
*Der Richter zum Ersten: „Wie heißen Sie?"*

Der Zweite: „Erwin Schneider."
Der Richter zum Zweiten: „Sie habe ich noch gar nicht gefragt!"
Der Dritte: „Ich habe doch gar nichts gesagt!"

---

Der Neumeier Sebastian steht vor Gericht. „Angeklagter, warum haben Sie Ihre Frau erschossen?" fragt der Richter streng.

„Ja Herr Richter, ich habe meine Frau inflagranti mit einem anderen Mann zuhause auf unserem Sofa erwischt." „Und warum", bohrt der Richter weiter, „haben Sie nicht den Liebhaber abgeknallt?" „Ja mei, Herr Rat", begründet der Sebastian seine Tat treuherzig, „lieber einmal die Frau als wie jede zweite Woche einen anderen Kerl!"

# Der schwarze Humor

Ein Kinderschänder zerrt ein Mädchen in den Wald. Nach einer Weile sagt das Mädchen: „Ganz schön dunkel hier." Der Kinderschänder antwortet: „Was würde dann ich sagen, ich muss nachher wieder zurück!"

Makaber

Mann geht mit seinem Freund Golfspielen. Plötzlich zieht am Rande des Golfplatzes eine Trauergemeinde vorbei. Statt den Ball zu spielen zieht er seine Mütze und senkt den Kopf beim Vorbeiziehen des Sarges. Anschließend setzt er seine Golfmütze wieder auf und beginnt mit dem Abschlag. Sein Freund ist angetan und sagt zu ihm: „Das hätte ich von Dir nicht erwartet, dass Du so viel Pietät zeigst und das Golfspielen unterbrichst."
Der Mann antwortet: „Tja das verbindet, wir waren doch knappe 30 Jahre miteinander verheiratet."

Der Chef ruft aus dem Büro an. Die Haushaltshilfe geht ran:
„Hallo, ich bin es, ich möchte gerne meine Frau sprechen."
„Geht gerade nicht!" „Jetzt sagen sie schon was sie gerade so Wichtiges macht!" „Die liegt mit einem Mann im Bett." „Waaaas?! Holen sie mal die Axt aus der Garage, und hau beiden damit kräftig über den Kopf!" „Das soll ich wirklich machen?" „Du wirst von mir

*bezahlt, also mach es - ich warte am Telefon."*
*Nach zehn Minuten: „So, ich habe die beiden umgebracht, was*
*nun?" „Ok, jetzt schleifst du meine Frau runter zum Pool und*
*versenkst sie dort."*
*„Aber wir haben doch gar keinen Swimmingpool." „Nicht?*
*Verzeihung, falsch verbunden!..."*

Nach einer Treibjagd wird das erlegte Wild verblasen. Unter anderem liegt da ein angeschossener Treiber. Der Jagdherr ordnet an, dass der Mann sofort ins Krankenhaus gebracht werden muss. Nach zwei Stunden erkundigt sich der Jagdherr über das Befinden des Treibers. Der zuständige Arzt antwortet: „Leider ist der Mann verstorben." Jagdherr: „Kann doch gar nicht sein, von ein paar Schrotkugeln stirbt man nicht." „Das ist wohl richtig, aber ihr hättet ihn nicht ausnehmen dürfen!"

Wie kann man im Biathlon denn eigentlich nur Zweiter werden, man hat doch ein Gewehr dabei!

Zwei Zivis arbeiten im Altenheim und haben immer etwas Geldprobleme. Sagt der eine beim Entleeren der Spucknäpfe: „Wenn du hiervon einen Schluck nimmst,

bekommst du 10 Euro von mir!" Nach einiger Überlegung nimmt der Kollege den Spucknapf und schluckt und schluckt bis der Napf leer ist.
Sagt der eine: „Du hättest doch nur einen Schluck nehmen müssen und nicht ganz austrinken!"
„Wollte ich ja, aber es riss einfach nicht ab!"

---

Kasperl kommt ins Altersheim: „Na, seid ihr alle da?" Die Senioren mit Begeisterung: „Jaaaa!"
Kasperl: „Aber nicht mehr lange!"

---

„Hallo Michael, du der Huber Stefan ist gestorben!" Michael: „Der Stefan hat noch nie gut ausgesehen."

Fragt eine alte, schrumpelige Frau am Friedhofstor einen Wärter: „Sagen Sie bitte, wo ist denn da die Parzelle 300 Reihe 5 Grab 11??"
Sagt der Wärter zu ihr: „Das habe ich schon gerne - heraus kraxeln und dann nicht mehr zurück finden"!

---

Zwei Jäger sind im Wald unterwegs, als einer von ihnen zusammenbricht. Er scheint nicht mehr zu atmen und seine Augen sind glasig. Der andere Jäger zückt sein Telefon, ruft den Notdienst an und stößt hervor: „Mein Freund ist tot! Was kann ich nur machen?" – Darauf der Telefonist: „Beruhigen Sie sich. Ich kann Ihnen helfen. Zuerst sollten wir sicherstellen, dass er wirklich tot ist."

> Kurze Pause, dann ein Schuss.
> Zurück am Telefon sagt er: „Ok, und was jetzt?"

Mann fragt seinen Freund: „Wie groß ist denn eigentlich ein Pinguin?" „So zirka 60 bis 100 cm." „Nicht größer?" „Nein, auf gar keinen Fall." „Oh, dann habe ich gestern abends doch eine Nonne überfahren."

Ein Mann sitzt im ausverkauften Stadion des WM-Finales und hat neben sich einen leeren Sitz. Irritiert fragt er den Zuschauer auf der anderen Seite des leeren Platzes, ob der Platz jemandem gehöre.

„Nein, ...", lautet die Antwort, „der Sitz ist leer."

„Aber das ist unmöglich! Wer in aller Welt hat eine Karte für das WM-Finale, dem größten sportlichen Ereignis überhaupt, und lässt dann den Sitz ungenutzt?"

„Nun, der Sitz gehört zu mir. Meine Frau wollte mitkommen, aber sie ist kürzlich verstorben. Es ist das erste WM-Finale, das wir uns nicht gemeinsam ansehen können, seitdem wir geheiratet haben."

„Oh, das tut mir leid. Aber wollte denn niemand Ihrer Verwandten oder Freunde an ihrer Stelle mitkommen?"

Der Mann schüttelt den Kopf: „Nein. Die sind alle

*auf der Beerdigung.*“

„Herr Doktor, wohin bringen sie mich denn?“ „Ins Leichenschauhaus.“ „Aber ich bin doch gar nicht tot!“ „Wir sind ja auch noch nicht da...“

„Boah, ist der Junge da drüben hässlich."
„Das ist mein Sohn!"
„Oh Entschuldigung, ich wusste nicht, dass Sie der Vater sind!"
„Ich bin seine Mutter!"

*Manfred bittet seinen Freund Hubert ob er sich seinen schwarzen Anzug ausleihen könnte, sein Großvater ist gestorben. Hubert gibt ihm bereitwillig seinen Anzug. Nach vier Wochen fragt Hubert mal nach, er möge doch seinen Anzug wieder zurückbringen. Darauf antwortet Manfred: „Das geht leider nicht, den haben wir dem Opa angezogen.“*

Im Flug über Afrika fällt ein Triebwerk aus. Der Pilot erklärt über die bestehende Sicherheit. Nach einer halben Stunde fällt ein zweites Triebwerk aus. Der Pilot erklärt, dass er nun etwas langsamer fliegen muss, um die verbleibenden zwei

Triebwerke zu schonen.

Eine Stunde später fällt das dritte Triebwerk aus. Es ist Handlungsbedarf gegeben; Ballast muss abgeworfen werden, damit eine sichere Landung gewährleistet ist! Schwimmwesten und Fallschirme sind bereit.

Der Gerechtigkeit halber hat man sich nach alphabetischer Reihenfolge geeinigt. „Als erstes A - Afrikan people, als nächstes B - Blacks und dann C - Colored people!"

---

„Hallo, wie geht's Dir?" „Furchtbar, letzte Woche ist meine Frau gestorben!"
„Welche Tragödie! Was hat sie denn gehabt?" „Ein kleines Einzelhandelsgeschäft und ein paar Tausender auf der Bank!"
„Nein, ich meine, was hat ihr gefehlt?" „Ein Bauplatz, um das Geschäft zu erweitern."
„Das mein ich doch nicht. Woran ist sie gestorben?" „Ach so, sie ist in den Keller gegangen, um fürs Mittagessen Sauerkraut und Kartoffeln hoch zu holen. Auf der Treppe ist sie gefallen und hat sich das Genick gebrochen!"
„Um Himmelswillen. Und was habt ihr dann gemacht?" „Nudeln!"

# Wenn wir keine Männer hätten

*Der Enkel frägt den Opa: „Wie ist es denn mit dem Penis wenn man alt ist? Bleibt er so, wird er länger oder wird er kürzer?" „Mein Junge, es ist so in der Reihenfolge: Er bleibt – länger – kürzer!" antwortet der Opa.*

Männer

**Zwei Arbeiter vom Gartenbauamt stehen am Straßenrand; der eine schaufelt ein Loch, der andere macht es wieder zu. Ein Mann schaut ihnen eine Weile zu und fragt dann: „Was macht ihr da die ganze Zeit?" „Ja", sagt der eine, „normalerweise sind wir zu dritt, aber der die Bäume einpflanzt ist heute krank!"**

*Der Unterschied zwischen einem Ochsenschwanz und einer Krawatte? Der Ochsenschwanz verdeckt das ganze Arschloch!*

Drei Männer mit einer körperlichen Behinderung fliegen nach Mallorca um Mädchen kennenzulernen. Der erste ‚tippelt', der zweite ‚wippt' beim gehen und der dritte ‚zieht' einen Fuß hinterher. Damit man die Behinderung nicht sieht, entscheidet man sich sofort ins Wasser zu gehen.

Nach einer Weile lernen sie Mädchen kennen; doch nach einer Stunde sagt eines der Mädchen: „Hey Jungs, wollen wir nicht an der Bar einen Drink zu uns nehmen?" Um die Behinderung zu vertuschen geht der erste aus dem Wasser überlegt, tippelt raus und sagt: „Oh, der Sand ist aber heiß."

Der zweite überlegt und wippt hinterher: „Und solche Löcher darin."

Der Dritte spontan: „Die mache ich gleich wieder zu."

---

Zwei Männer unterhalten sich über Faulheit! Sagt der eine: „Ich bin so faul, dass ich den ganzen Tag ohne zugebundenen Schuhbändern rumlaufe." „Und ich ging ins Kino und schrie 2 Stunden lang!" „Wieso denn das?"
„Ich habe mir bei den Klappsesseln die Eier ein gezwickt – ich war so faul und wollte den Sitz nicht hochklappen!"

---

Fritzl: „Mein Vater ist ein richtiger Angsthase!"

Hansi: „Warum denn das?" Fritzl: „Immer wenn Mammi nicht da ist, schläft er bei der Nachbarin."

In einem alten bayerischen Bauernhaus gibt es an der Haustür keinen Briefkasten, sondern nur einen Briefschlitz mit Klappe. In diesem Haus wohnt eine alleinstehende Dame. Als sie in der Badewanne sitzt, läutet es an der Tür. Sie steigt aus der Wanne, begibt sich nackig zur Haustür und fragt mit heller Stimme: „Wer ist denn da?" Da öffnet sich der Briefschlitz und eine Männerstimme sagt: „Na, du kloaner Wuschlkopf! San Vadder und Muadda ned dahoam?"

Der Franz und die Sophie gehen schon elf Jahre miteinander. Eines Tages fragt sie ihn: „Meist du nicht Franzl, dass wir endlich heiraten sollten?" Brummt der Franz: „Meinst, dass uns noch jemand nimmt?"

Ein Mann hat einen kleinen Penis, steht vor dem Spiegel im Badezimmer und wünscht sich so sehr, dass er größer wäre. Da erscheint ihm eine Fee und er erzählt ihr seinen Wunsch. „Wie lang sollte er denn sein" sprach die Fee. Er antwortete: „Bis zum Boden sollte er reichen." Simsalabin, und er hatte nur noch 5 cm lange Füße.

*Mann geht einer Dame hinterher – tolle Figur, wie ein Engel. Sie bleibt stehen und fragt den Mann: „Warum gehen sie immer hinter mir her?" „Jetzt, da ich sie von vorne sehe, frage ich mich das auch!"*

Es klingelt mittags an der Tür Frau Müller öffnet. Draußen steht ein Mann und fragt: „Haben Sie ein Geschlechtsorgan?" Die verstörte Frau schlägt dem Mann die Tür vor der Nase zu. Am nächsten Tag steht der Mann schon wieder vor der Tür: „Haben Sie ein Geschlechtsorgan?" Die Frau knallt die Tür erneut zu. Als sich am darauffolgenden Tag das gleiche Spiel nochmal wiederholt, erzählt Frau Müller ihrem Mann von diesem Vorfall. „Na warte, den Kerl knöpf ich mir vor", erwidert der Ehemann wütend. „Morgen werde ich mich hinter der Tür verstecken und wenn der dich dann blöd anmacht, gibt's Saures."

Am nächsten Tag mittags klingelt es wieder an der Tür, der Ehemann versteckt sich, Frau Maier öffnet, der Mann fragt: „Haben Sie ein Geschlechtsorgan?" Frau Müller: „Ja, habe ich." Daraufhin sagt der Mann: „Dann sagen sie ihrem Mann, er soll ihres und nicht immer das meiner Frau benutzen."

Männer am Stammtisch: „Was reizt dich denn noch an deiner Frau?" „Jedes zweite Wort!"

*Drei Neunzigjährige treffen sich jede Woche zum Stammtisch. Meistens kommt einer zu spät. „Ich habe mich beeilt, aber meine Füße lassen schon nach", erklärt er den Anderen. „Marschieren kann ich noch recht gut", sagt der*

Zweite, „aber ich kann nicht mehr richtig Schreiben, weil
ich so zittrig bin. Meine Hände lassen halt schon nach."
Sagt der Dritte: „Als ich letzte Nacht zu meiner Frau
rübersteigen wollte, sagt sie: du alter Depp, du warst doch
erst vor einer halben Stunde bei mir! Ich glaube, mein
Gedächtnis lässt schon nach!"

Warum können 50% aller Männer nach dem Geschlechtsverkehr
nicht gleich einschlafen?
Ist doch klar: Weil sie noch nach Hause fahren müssen!

Sagt der eine zu seinem Kumpel: „Am Samstag ist Ü30-Party,
kommst Du mit?" „Kann leider nicht mit, mir fehlen 5 cm!"

Fragt ein Mann seinen Freund: „Was
glaubst Du eigentlich, was überwiegt im
Bundesgebiet, die Ahnungslosigkeit oder die
Gleichgültigkeit?" „Weiß ich nicht, ....ist mir auch
Scheißegal!"

Mann kommt in die Tankstelle. „Ich habe
mein Auto zugesperrt und den Schlüssel

> *darin vergessen." Der Tankwart gibt ihm*
> *einen Draht und Anweisung, wie er das Auto*
> *wieder öffnen kann. Kommt ein anderer*
> *Mann lachend in die Tankstelle. „Warum*
> *lachst Du?"*
> *„Da draußen möchte einer mit einem Draht*
> *das Auto öffnen." „Ja, das habe ich ihm auch*
> *so erklärt." „Ja, aber da sitzt jemand im*
> *Auto und gibt Anweisungen; ein bisschen*
> *nach links, ein bisschen nach rechts usw."*

Der Mann spricht eine dunkelhäutige Frau neben ihn an:
„Du sprechen auch Deutsch?" Antwort: „Ja, vielleicht besser als du!"

Der Opa feiert seinen 70. Geburtstag. Sagt der Enkel: „Ich
habe eine gute und eine schlechte Nachricht für dich.
Welche willst du zuerst hören?" „Die gute!", sagt der Opa. „Also in zwei
Stunden kommen zwei Striptease-Tänzerinnen!" „Super, da freue ich
mich schon! Und die schlechte?" „Die sind so alt wie du!"

Ein Mann trifft auf einer Feier eine hübsche
Frau. „Trinken wir ein Glas Sekt miteinander?"
„Nein, ich möchte keinen Sekt. Er hartnäckig:
„Ein Glas Sekt oder du gibst mir einen Kuss."
„Ok, dann trinke ich eben doch noch einen Sekt!"

> *„Früher kann ich dir sagen, früher da sind mir die*
> *Mädchen scharenweise hinterher gelaufen.*
> *Aber heute … klau ich keine Handtaschen mehr!"*

Gott erschuf den Esel und sagte zu ihm: „Du bist ein Esel. Du wirst unentwegt von morgens bis abends arbeiten und schwere Sachen auf deinem Rücken tragen. Du wirst Gras fressen und wenig intelligent sein. Und Du wirst fünfzig Jahre leben." Darauf entgegnete der Esel: „Fünfzig Jahre so zu leben ist viel zu viel, gib' mir bitte nicht mehr als dreißig Jahre!" Und es war so.

Dann erschuf Gott den Hund und sprach zu ihm: „Du bist ein Hund. Du wirst über die Güter der Menschheit wachen, deren ergebenster Freund du sein wirst. Du wirst das essen, was der Mensch übrig lässt und 25 Jahre leben." Der Hund antwortete: „Gott, 25 Jahre so zu leben, ist zu viel. Bitte nicht mehr als zehn Jahre!" Und es war so.

Dann erschuf Gott den Affen und sprach: „Du bist ein Affe. Du sollst von Baum zu Baum schwingen und Dich verhalten wie ein Idiot. Du wirst lustig sein und so sollst Du für zwanzig Jahre leben." Der Affe sprach: „Gott, zwanzig Jahre als Clown der Welt zu leben, ist zu viel. Bitte gib' mir nicht mehr als zehn Jahre." Und es war so.

Schließlich erschuf Gott den Mann und sprach zu ihm: „Du bist ein Mann, das einzige rationale

Lebewesen, das die Erde bewohnen wird. Du wirst Deine Intelligenz nutzen, um dir die anderen Geschöpfe Untertan zu machen. Du wirst die Erde beherrschen und für zwanzig Jahre leben!"

Darauf sprach der Mann: „Gott, Mann zu sein für nur zwanzig Jahre ist nicht genug. Bitte gib mir die zwanzig Jahre, die der Esel ausschlug, die fünfzehn des Hundes und die zehn des Affen."

Und so sorgte Gott dafür, dass der Mann zwanzig Jahre als Mann lebt, dann heiratet und dreißig Jahre als Esel von morgens bis abends arbeitet und schwere Lasten trägt.

Dann wird er Kinder haben und fünfzehn Jahre wie ein Hund leben, das Haus bewachen und das essen, was die Familie übrig lässt.

Dann, im hohen Alter, lebt er zehn Jahre als Affe, verhält sich wie ein Idiot und amüsiert seine Enkelkinder. Und so ist es bis heute...

**Warum haben Männer keine Cellulitis?**
**Weils wirklich hässlich ist!**

*Der Bankräuber flieht mit der Beute aus der Bank. Im Vorraum bemerkt er die anwesenden Kunden.*
*Er fragt den Ersten: „Haben sie gerade gesehen, dass ich die Bank überfallen habe?" „Ja", antwortet der Kunde. Der Bankräuber erschießt ihn.*
*Er fragt den Zweiten: „Haben sie gesehen, dass ich die Bank überfallen habe?" Auch dieser antwortet mit „Ja". Der Bankräuber erschießt ihn.*

*Er fragt den Dritten: „Haben sie auch gesehen, dass ich die Bank überfallen habe?" „Nein", antwortet der Kunde, „ich habe nichts gesehen, …aber meine Frau, die hat alles ganz genau gesehen!"*

Frau Huber hat Drillinge bekommen. Der 7-jährige Bruder wird gefragt wie sie heissen: „So wie ich Papi verstanden habe: Himmel, Arsch und Zwirn!"

*Impotent ist, wenn man will, aber nicht kann. Frigide ist, wenn man kann, aber nicht mehr will. Noch schlimmer ist senil. Das ist, wenn man noch kann, noch will – aber nicht mehr weiß, was!*

Es gibt doch noch kluge Männer! Zwei befreundete Ehepaare spielten an einem Abend zusammen Karten. Horst fiel zwischendurch eine Karte zu Boden. Als er sich danach bückte, bemerkte er, dass Dagmar, Antons Frau, die Beine weit gespreizt hatte und keine Unterwäsche trug! Horst ließ sich natürlich nichts anmerken.
Später, als Horst in die Küche ging, um Getränke zu holen, folgte ihm Dagmar und fragte: „Hast du vorhin unter dem Tisch etwas gesehen, das Dir gefallen hat?"

Horst, überrascht von ihrer Offenheit, bejahte und sie sagte: „Du kannst es haben. Es kostet allerdings 300 Euro." Nachdem Horst seine finanzielle Situation geprüft und alle moralischen Bedenken abgelegt hatte, ging er auf den Deal ein. Dagmar erklärte ihm, dass ihr Ehemann Alfons Freitags immer etwas länger arbeiten würde und Horst um 14:00 Uhr bei ihr sein sollte. Natürlich war Horst pünktlich, gab ihr 300 Euro und die Beiden vergnügten sich etwa eine Stunde lang. Um 15:30 Uhr war Horst wieder weg.

Alfons kam wie üblich um 18:00 Uhr nach Hause und fragte seine Frau: „War Horst heute Nachmittag hier?" Dagmar war geschockt, aber antwortete ruhig: „Ja, er war heute Nachmittag für ein paar Minuten hier." Ihr Herz raste wie verrückt, als Alfons nachfragte: „Und, hat er dir 300 Euro gegeben?" Dagmar dachte, das ist das Ende, setzte ein Pokerface auf und sagte: „Ja, er hat mir 300 Euro gegeben." Alfons lächelte zufrieden und sagte: „Gut. Horst kam nämlich heute Morgen zu mir ins Büro, um sich 300 Euro bei mir zu leihen. Er versprach, dass er heute Nachmittag bei dir vorbeischauen würde, um das Geld zurückzubezahlen."

Ein Freund: „Du Hans, ich habe gehört, dass

*deine Frau recht gut im Bett sein soll!"*
*Hans: „Was soll ich dazu sagen, der eine sagt so, der andere sagt so!"*

Mann kommt zu OBI. „Ich möchte gerne einen Hodenlack." „Sie meinen wohl einen Bodenlack." „Nein, mein Arzt hat gesagt aufgrund meines hohen Cholesterinspiegels kann ich mir morgens die Eier streichen!"

*Meldung des Tages! Männer haben viele Gene. Das Fortgeh'n, das nicht Heimgeh'n, Fremdgeh'n, Saufengeh'n etc.*
*Frauen haben nur 1 Gen: Das auf die Nerven gehen.*

„Hallo Frau Meier! Gestern habe ich ihren Mann getroffen, aber er hat mich überhaupt nicht gesehen!"
„Ja ich weiß, das hat er mir erzählt."

Echte Männer jammern nicht über ihre lebensbedrohliche Erkältung. Echte Männer legen sich aufs Sofa und sterben heimlich still und leise...

*Sie: „Ich habe heute kein Höschen an, Liebling!"*
*Er: „Oh Gott, vergesslich ist sie auch noch!"*

# *U*nsere geliebten Österreicher

Ein Österreicher im MC Donalds: „I hätte gern ein Hendl!" Der Angestellte: „Sie meinen Chicken?" Der Österreicher: „Nein nicht schicken, ich esse es gleich hier."

*Ösi*

---

Mann beim Arzt: „Herr Doktor, wenn ich hier auf den Bauch drücke tut es weh, und da am Fuß auch; auch hier am Arm tut es weh! Und wenn ich hier am Kopf drücke tut es jetzt auch weh!"

Arzt: „Ich kann leider nichts feststellen, aber eine letzte Frage nebenbei: Sind Sie Österreicher?" „Ja, warum?" „Dann muss ich Ihnen sagen, Sie haben sich den Finger gebrochen!"

---

*Nach Rückkehr der österreichischen Fußball-Nationalmannschaft wurde der Flughafen Wien-Schwechart schwer verwüstet vorgefunden. – Ursache, die Fußballer wollten die Balltricks der „Ronaldo-Werbung" ausprobieren.*

An der bayerisch-österreichischen Grenze gehen die Grenzer am Grenzzaun auf Streife. Sagt der Bayer: „Du, bevor uns langweilig wird könnten wir Schnecken sammeln." „Ok, in einer Stunde treffen wir uns hier wieder."

Der Eimer des Bayern läuft über vor Schnecken; im Eimer des österreichischen Amtskollegen ist keine einzige Schnecke. „Es waren doch so viele Schnecken im feuchten Gras." Österreicher: „Stimmt, aber als ich hin kam, huusch huusch weg woarn`s."

Drei Bettler sitzen am Abend in der Gastwirtschaft und machen Inventur. Der erste hat 10 Euro in seinem Becher. Auf seinem Schild steht: „Ich habe Hunger!"
Der zweite hat 18 Euro eigenommen mit dem Text: „Habe Frau und Kind, aber keine Arbeit!"
Der dritte Bettler hatte das Geld überall; im Becher, in der Hosentasche, im Hut und in den Schuhen. Als er es zusammenzählt, kommen 620 Euro zusammen.
„Mensch, wie hast du das gemacht, was steht auf deinem Schild?", fragen die anderen beiden ganz neidisch.
"I wui wieder haam nach Österreich!"

Ein Bayer und ein Österreicher gehen zusammen ins Kino – ein Wildwestfilm läuft. Ein Cowboy mit Pferd wird verfolgt. Als er an einer Stelle angelangt ist, wo er sich nur durch einen Sprung über eine Schlucht retten kann, sagt der Bayer:

*„Wetten, dass er es nicht schafft, über die Schlucht zu kommen!" Österreicher: „Doch, der schafft das, wetten wir." Sie wetten um 10 Euro. Der Reiter nimmt Anlauf, springt und stürzt ab. Sie sehen sich den Film bis zum Ende an.*

*Als sie das Kino verlassen, zückt der Österreicher den 10 Euro Schein. „Nein, behalte das Geld, weisst du ich habe den Film schon mal gesehen." Österreicher: „Ich habe das Geld echt verloren; ich habe den Film auch schon mal gesehen, hätte aber nicht gedacht, dass er ein zweites Mal wieder nicht über die Schlucht kommt."*

---

*Der deutsche Urlauber zum Tiroler: „Regnet es denn bei euch immer?" „Nein, im Winter schneit es."*

---

Ein österreichischer LKW-Fahrer ist auf einer Nebenstrecke unterwegs und fährt durch eine zu niedrige Unterführung. Er bleibt stecken! Ein deutscher Autofahrer hält an; sieht dass es sich um 3 cm handelt und sagt: „Lass doch etwas Luft aus den Reifen, dann kommst Du durch." „Guta Mann, es fehlt nicht unten sondern oben." – antwortet der Österreicher.

Eine österreichische Baufirma hatte einen neuen Handlanger eingestellt. An seinem ersten Arbeitstag

sah der Chef wie er einen Nagel aus der Schachtel
nahm, den Nagel betrachtete und ihn dann fortwarf.
Er nahm den nächsten Nagel aus der Schachtel und
schlug ihn ein. Die nächsten beiden warf er fort, dann
schlug er drei Nägel ein, usw.
Der Chef sah eine Weile zu, und dann sagte er:
"Franzl! Was machst Du? Das sind alles neue Nägel.
Warum wirfst Du die Hälfte davon weg?" Franzl
antwortete: "Ich weiß, dass dies neue Nägel sind. Aber
einige davon zeigen in die falsche Richtung." Da
wurde der Chef zornig und rief:
"Du Idiot! Die sind doch für die andere Seite des
Hauses!"

*Kommt ein Österreicher in den Baumarkt: „Bittschön, i
hätt gern an fünfer un an dreier Bohrer, i wui a ochter
Loch boahn." Antwort des Verkäufers: „Nehmen's doch
zwa vierer, na brauchen's net umspannen..."*

Uni Wien, Wintersemester 2002: ein überfüllter Hörsaal,
1. Semester Physik.
Der Professor kündigt überraschend eine mündliche
Prüfung an: Nach der Vorlesung müssen alle Studis
einzeln antreten und eine Frage richtig beantworten.
Große Aufregung, Getuschel, schließlich aber geht's los:
Der Erste Student betritt den Prüfungsraum. Frage des
Professors: „Was ist schneller, der Schall oder das
Licht?" Antwort nach einigem Überlegen:
„Der Schall." Professor: „Falsch, aber wie kommen Sie
darauf?" Antwort:
„Wenn ich den Fernseher einschalte, kommt zuerst der

Ton und dann das Bild."
„Durchgefallen, der Nächste bitte!" Wiederum die gleiche
Frage, diesmal die Antwort: „Das Licht". Professor:
„Richtig, aber können Sie das begründen?"

Antwort: „Wenn ich mein Radio einschalte, geht
zuerst das Licht an und dann kommt Musik." Der
Professor ist fassungslos, nur mit Mühe kann er sich
beruhigen und beschließt, noch einen letzten Versuch zu
starten.
Wieder die Frage: „Was ist schneller, der Schall oder
das Licht?" Der Kandidat nach kurzer Überlegung: „Das
Licht". Der Professor ist misstrauisch: „Warum?"
Student: „Bei einem Gewitter sehe ich zuerst den Blitz,
danach höre ich den Donner." Professor, erfreut: „Ja,
richtig. Aber woran liegt das?"
Darauf der Student, sichtlich stolz: „Das liegt daran,
dass die Augen weiter vorne liegen als die Ohren..."

Ein Schweizer fragt einen Österreicher: „Was ist das? Es ist braun,
hat vier Beine, steht auf der Wiese und ist strohdumm." Der Österreicher denkt etwa
eine Stunde nach, und antwortet: „Ich weiß es nicht." Der Schweizer löst das Rätsel:
„Das bist Du und Dein Bruder."
Dem Österreicher gefällt dieser Witz und er will ihn sogleich weitererzählen. Er geht zu
einem Italiener und fragt: „Was ist das? Es ist braun, hat vier Beine, steht auf der

Wiese und ist strohdumm." Der Italiener antwortet: „Ich glaube, dies ist eine Kuh."
Doch der Österreicher verneint: „Nein, das bin ich und mein Bruder."

Ein Burgenländer und ein Kärntner stehen auf der Europabrücke. Sie staunen über die Aussicht und da sagt auf einmal der Burgenländer:

„Mensch, ich würd mir de Bruckn so gern von untn onschaugn!" Da sagt der Kärntner drauf: „He, du hast eh so klasse Hosenträger an. Ich lass dich einfach an denen runter! Dann kannst alles anschaun!" Gesagt getan. Als der Burgenländer da so unter der Brücke baumelt beginnt er auf einmal voll zum Lachen. Dem Kärntner wird's zu blöd und er fragt nach, was da wohl so witzig wäre. Darauf der Burgenländer: „Weißt, wenn i jetz an den Hosenträger aufmoch, kriagst eam voll in die Pappn!"

Warum haben die Österreicher ein „A" als
Landeskennzeichen auf Ihrem Auto?
Weil sich Örschloch so blöd anhört!

In der Wüste werden ein Deutscher und ein Österreicher von einem Eingeborenenvolk gefangen genommen. „Wenn ihr überleben wollt", so der Häuptling, „müsst ihr mir innerhalb einer Stunde in dieser gottverlassenen Einöde jeder mindestens 10 Früchte auftreiben!" Bereits nach einer halben Stunde kommt der Deutsche mit 10 Datteln zurück. Der Häuptling ist zufrieden und meint: „Wenn Du diese Datteln jetzt noch ohne Wimpernzucken in Deinen Arsch hineinschiebst, bist Du *frei!" Da beginnt der Deutsche zu grinsen. „Was grinsest Du so?"*

*„Ich dachte nur an den Österreicher; den hab ich nämlich gerade mit ein paar Kokosnüssen gesehen!"*

---

Ein Russe, ein Deutscher und ein Österreicher kommen für 10 Jahre ins Paradies und dürfen sich etwas wünschen, das nie ausgeht. Der Russe wünscht sich Wodka, der deutsche wünscht sich Bier und der Österreicher wünscht sich Zigaretten.

Nach 10 Jahren kommen sie aus dem Paradies zurück und der Russe sagt: „Bester Wodka, den ich je getrunken habe." Der Deutsche sagt: „Das war das beste Bier, das ich je getrunken habe!"

Und der Österreicher: „Habt's bitschen a Feuer?"

---

*Zwei Österreicher unterhalten sich über Ihre Berufe: „Wos bist du von Beruuuf?" „I bin a Diplom-Ingeniör! Und wos host du für an Beruuuf?" „Ween I Dir des sog, verstehst du des e ned!" „Dooch, I versteh des schooo." „Ois, kloar... I bin a Kraaafickaa!" „Toller Beruuf, aba wos mochst im Winter, wenn's olle furtgflogn san?!..."*

---

Zwei Österreicher finden eine Kanone. Nachdem sie die

Kanone blitzblank geputzt hatten, fragen sie sich was sie damit anstellen könnten. Sie beschlossen, nach Rosenheim zu schießen. Dazu braucht man aber sehr viel Energie und gaben noch mehr Schießpulver dazu. Sie zündeten die Kanone und es gab einen großen Knall, der mit einem Rohrkrepierer endete. Dem einen fehlte ein Arm, dem anderen ein Bein. Sagt der eine zum anderen: „Uns hat ja sauber erwischt!" Der andere: „Wie mag es da erst in Rosenheim ausschaun?"

Drei Haie schwimmen übereinander und unterhalten sich über das Mittagessen.
Fragt der oberste Hai den in der Mitte: „Was hattest du heute Mittag?" „Einen Ungarn, der hat so viel Paprika gegessen, mir brennt das ganze Maul!"
Fragt der Hai in der Mitte den untersten Hai: „Und was gab es bei dir heute zu essen?" „Oh, ich habe einen aus dem Balkan erwischt. Der hat so viel Knoblauch gegessen, ich kann mich selbst kaum riechen!"
Fragt der mittlere Hai den Obersten: „Was hast du heute zwischen den Kiemen gehabt?" „Einen Österreicher, der hatte so viel Luft im Kopf – ich kann immer noch nicht richtig tauchen!"

Ein deutscher Tourist fährt durch das Burgenland. Plötzlich wird er von einem am Straßenrand stehenden Polizisten angehalten.
„Das macht 300 Euro Bußgeld für zu schnelles

Fahren", sagt der Polizist. „Mann, wie wollen sie
das denn überhaupt feststellen?" fragt der Tourist.
„Sie haben doch gar kein Radargerät!"

„Hugo!" ruft der Polizist. „Hugo, komm mal raus!"
Aus dem Gebüsch am Straßenrand erscheint ein
zweiter Polizist.
„Sag, Hugo, wie schnell ist der Kerl gefahren?"
„Sssssst."
„Und wie schnell hätte er fahren dürfen?" „Ssst!"

Ein Österreicher macht den Führerschein und
fällt bei der Fahrprüfung erneut durch. Er erklärt es seiner
Frau: „Ich fahr so auf der Landstraße dahin, da kommt ein
Schild mit 30; ich fahr dran vorbei und komme in einen
Kreisverkehr, den ich 30-mal durchfahre. Daraufhin sagte
der Prüfer dass ich durchgefallen bin."
Seine Frau entgegnete: „Geh hearst, host dich wieder
verzählt".

> Ein Österreicher sieht am Schaufenster einer
> Zoohandlung einen Jungen, der mit dem Zeigefinger
> langsam die Scheibe hoch- und runterfährt. „Was machst
> du da?" fragt der Österreicher.

*„Sehen Sie, " sagt der Junge, „Sie müssen ganz genau hingucken. In dem Aquarium hinter der Scheibe sind Fische. Wenn ich mit dem Finger an der Scheibe hoch- und runterrutsche, folgen die Fische meinem Finger nach. Weil eben Lebewesen mit höherer Intelligenz den Lebewesen mit niederer Intelligenz ihren Willen*

*aufzwingen können." Sprach er und ging.*
*Nach einer Stunde kommt der Junge wieder vorbei. Starr steht der Österreicher vor der Scheibe, öffnet den Mund zu einem schmalen Oval, verharrt einen Moment, schließt den Mund, entspannt und beginnt von neuem!*

Wie die Kinder entstehen... Ein Engel steht an der Kinderentstehungsmaschine. Er muss immer an einer Kurbel drehen, und bei jeder Umdrehung kommt hinten ein Kind heraus. Damit er eine gerechte Aufteilung hat, sagt er immer vor sich her: Mädchen, Junge, Depp, Mädchen, Junge, Depp, Mädchen, Junge, Depp, usw. Plötzlich wird er zu einer wichtigen Besprechung gerufen. Er sagt zu seinem Engelslehrling: „Du machst weiter, genau wie ich immer nur drehen: Mädchen, Junge, Depp, Mädchen, Junge, Depp, Mädchen, Junge, Depp"
Als der Engel nach zwei Stunden von der Besprechung zurückkehrt, hört er schon von weitem: Depp, Depp, Depp, Depp, Depp, Depp, Depp, Depp, Depp, Depp, Depp, Depp, Depp, Depp, Depp. Er rennt zu seinem Lehrling: „Bist Du wahnsinnig. Du machst uns ja alles kaputt!" Darauf der

Lehrling: „Nein, Nein. Alles ok. Wir haben nur einen Großauftrag für die Österreicher bekommen."

An der österreichischen Grenze. Ein Deutscher stellt fest, dass er seinen Pass vergessen hat. Er denkt sich: „Ah, in meinem Geldbeutel hab ich noch einen alten 10-DM-Schein. Den zeig ich dem Ösi, das merkt der nicht." Er wird kontrolliert, gibt dem Grenzbeamten die Banknote und fügt hinzu, dass das ein altes Foto sei, auf dem er noch lange Haare mit Dauerwelle trägt. Der Beamte schaut etwas misstrauisch, dreht den Schein um und sagt: „Geh häast, wuist mi veroaschen? Des is a Segelschein!"

# Ein schwerer Beruf: Politiker

Politiker mit Brille! Woran merkt man, wann dieser Politiker lügt? Mit aufgesetzter Brille? Mit Brille auf dem Kopf? Oder ohne Brille?
Lösung: Wenn er den Mund aufmacht!

Politik

Ein Mann möchte in die Partei der CSU eintreten. Bei der Anmeldung wird er nach dem Namen gefragt. „Ich heiße Bogenpisser". „Mit diesem Namen kann ich Sie leider nicht aufnehmen. Stellen Sie sich mal Wahlplakate oder Wahlveranstaltungen vor", antwortet der Sachbearbeiter. Er versucht es bei der FDP. Auch hier wird er wegen seines Namens nicht aufgenommen. Er geht zur SPD. Der Sachbearbeiter sagt: „Wir müssten nur eine kleine Änderung Ihres Namens vornehmen."
Wie heißt der Mann jetzt? « La Fontaine! »

Rätsel: Am Anstoß Punkt auf dem Fußballfeld steht ein Pokal mit 5000 Euro. An jeder Eckfahne steht ein Politiker. Wer am

schnellsten am Anstoßkreis ist, bekommt das Geld. An der ersten Eckfahne steht ein <u>sozialer Liberaler</u>, an der zweiten Eckfahne steht ein <u>konservativer CSU`ler</u>, an der dritten Eckfahne ein <u>linker Grüner</u> und an der vierten Eckfahne der <u>Kanzlerkandidat der SPD</u>.
Wer gewinnt das Rennen? Der konservative CSU`ler.
Begründung: Einen sozialen Liberalen gibt es nicht, der linke Grüne hat die Orientierung verloren und der Kanzlerkandidat läuft nicht wegen 5000 Euro.

Horst Seehofer möchte mit seiner Frau Karin in die Oper gehen. Weil er sich bekanntlich gern volksnah zeigen will, kauft er die Karten persönlich im Vorverkauf. Der Vordermann will Karten für ‚Tristan und Isolde‘. Dann kommt Seehofer dran und sagt::
„Ich brauche Karten für ‚Horst und Karin‘!"

Franz Josef Strauß geht mit seinem Generalsekretär Stoiber in ein feines Restaurant zum Essen. Er bestellt sich zur Vorspeise eine Schildkrötensuppe, welche einfach nicht serviert wird. „Stoiber, schauen sie mal nach was da los ist in der Küche", wettert Strauß. Als Stoiber in die Küche geht sieht er, dass

der Koch sichtlich genervt ist und mit der Zubereitung kämpft. Immer wenn die Schildkröte den Kopf ausstreckt und er mit dem Beil ausholt, um den Kopf abzutrennen, zieht die Schildkröte blitzschnell ihren Kopf wieder ein. Einfallsreich sagt er zum Koch: „Geben sie mir mal das Beil, ich mache das schon." Er steckt den Finger in den Hintern der Schildkröte, die Schildkröte streckt ihren Kopf aus, Beil schlägt zu, Fall erledigt.
Der Koch erstaunt: „Wie sie das so schnell geschafft haben?"
Stoiber: „Was glauben sie, wie ich sonst die Krawatte unseres Ministerpräsidenten binde?"

Die Präsidenten aus Russland, Amerika und Deutschland unterhalten sich über ihr Kabinett. Der russische Präsident meint: ,,Einer meiner 12 Minister ist Alkoholiker, aber ich weiß nicht wer." Bill Clinton meint: ,,Einer meiner 12 Minister hat Aids, nur ich weiß nicht wer." Bundeskanzler Schröder meint: ,,Einer meiner 12 Minister ist intelligent, nur ich weiß nicht wer."

Gerhard Schröder ist überfahren worden und kommt direkt in den Himmel.
Dort trifft er den Engel Gabriel. Der Engel spricht Gerhard Schröder an und sagt ihm: „Wir werden Dir die Wahl geben: Einen Tag wirst Du in der Hölle sein und einen Tag im Paradies. Dann kannst Du auswählen, wohin Du willst."

Gabriel bringt Gerhard Schröder in den Fahrstuhl und sie fahren bis zur Hölle. Gerhard Schröder geht rein und sieht alle seine Freunde, diese begrüßen ihn, spielen Golf, sitzen am Schwimmbad, im Restaurant, die Leute essen, trinken, hören Musik, spielen Karten und auch der Satan sitzt und lacht mit ihnen, abends Tanzerei, man amüsiert sich. Am nächsten Tag kommt Gabriel und sie gehen wieder rauf ins Paradies. Dort sieht er die Leute wie sie auf weißen Wolken sitzen, sie hören Musik, alles ist ruhig und gemütlich.

Einen Tag später kommt Gabriel und fragt: „Hast Du Dich entschlossen?" Gerhard Schröder sagt: „Ja. Obwohl es im Paradies angenehm ist, will ich in die Hölle, dort tut sich was." Gabriel nimmt ihn wieder mit nach unten, klopft auf die Tür und in einer Sekunde ziehen 2 Hände Gerhard Schröder rein. Er sieht eine Wüste, sehr heiß, seine Freunde tragen zerrissene Kleidung und sammeln Mist. Der Satan kommt, gibt ihm eine Tüte und sagt ihm, er solle Mist sammeln. „Was ist mit dem Golfplatz, mit dem Restaurant, mit der Musik passiert?" fragt Gerhard Schröder. Antwortet der Satan: „Gestern war vor der Wahl - heute ist nach der Wahl."

Der Nikolaus, ein ehrlicher Politiker und ein fleißiger

Lehrer sehen auf der Straße einen Fünfzig-Euro-Schein liegen. Wer hebt den Schein auf und bringt ihn ins Fundbüro?
Der Nikolaus natürlich, die anderen beiden gibt es doch gar nicht!

**Bei einem Kongress für Mikrochirurgie treffen sich ein amerikanischer, ein japanischer und ein deutscher Arzt. Nach dem formellen Teil sehen sich die drei an der Hotelbar wieder und beginnen sich nach einigen Drinks ihre größten Meisterstücke zu erzählen. „In einer Autofabrik war ein Arbeiter in die Blechpresse geraten", prahlt der Amerikaner. „Alles, was von ihm übrigblieb, war sein kleiner Finger. Also nahm ich den Finger, konstruierte eine neue Hand, einen neuen Arm, Rumpf, Kopf, Beine und so weiter. Der Arbeiter, der dabei rauskam, war so leistungsfähig, dass er 50 Kollegen arbeitslos machte."**

**„Ist ja gar nichts", kontert der Japaner, „vorigen Monat bei einem Unfall in einem Kernkraftwerk verunglückte ein junger Mann. Das einzige, was wir noch finden konnten, war ein Haar. Also nahm ich das Haar, konstruierte einen neuen Kopf, ein neues Gehirn und einen kompletten Körper. Jetzt ist der junge Mann so effizient, dass er 500 andere arbeitslos gemacht hat."**

**„Das nennt ihr Leistung?" ereifert sich der deutsche Chirurg. „Unlängst ging ich über die Straße und roch einen Furz. Ich packte den Furz ein, brachte ihn in meine Praxis. Dort wickelte ich einen Arsch darum und konstruierte einen kompletten Körper mitsamt Kopf und Gehirn. Der Mann heißt jetzt Gerhard Schröder und ist so effizient, dass er fast fünf Millionen arbeitslos gemacht hat."**

*Der EU-Kommissionsausschuss hat sich für 3-lagiges Toilettenpapier entschlossen.*
*Für jeden Scheiß braucht man zwei Durchschläge!*

Sohn kommt von der Schule nach Hause und fragt seinen Vater: „Wir haben gerade das Thema Staatsbürgerkunde in der Schule; kannst du mir sagen, was Politik ist?" Vater: „Das ist nicht so einfach, aber ich werde es dir anhand unser Familie erklären!

Ich bin der Vater und bringe das Geld nach Hause – ich bin das **Kapital**.

Unsere Mutter verwaltet das Geld und gibt es auch wieder aus – sie ist die **Regierung**.

Unser Großvater achtet darauf, dass alles mit rechten Dingen zugeht – er ist die **Gewerkschaft**.

Die Anna, unsere Haushaltshilfe – sie ist die **Arbeiterklasse**.

Und für wen machen wir das, für dich – du bist das **Volk**. Dein kleiner Bruder, der in den Windeln liegt – das ist unsere **Zukunft**.

Hast du das alles verstanden?" Sohn: „Schon etwas viel, darüber muss ich erst einmal schlafen." In der Nacht wacht der Sohn auf, da der kleine Bruder schreit und in die Windeln gemacht hat. Er geht ins elterliche Schlafzimmer; da liegt aber nur die Mutter, welche ganz fest schläft und schnarcht. Er geht in das Zimmer von Anna. Anna ist nicht alleine, sie schläft mit seinem Vater. Der Großvater schaut von draußen durchs Fenster zu. Da er keinen erreichen kann, legt er sich kurz entschlossen wieder ins Bett.

Am nächsten Morgen fragt ihn der Vater: „Na Sohn, weißt du jetzt, wie Politik funktioniert?" Sohn: „Ja, ich habe festgestellt, dass das **Kapital** die **Arbeiterklasse** missbraucht; die

*Gewerkschaft* schaut zu und die *Regierung* schläft. Das *Volk* wird ignoriert und unsere *Zukunft* liegt in der Scheiße."

**Gregor Gysi und Norbert Blüm gehen zusammen in eine Kneipe. Gysi bestellt: „Zwei kurze!"**
**Ober: „Ok, aber was wollt ihr zum Trinken?"**

*Helmut Kohl geht mit seiner Frau Hannelore in der Stadt bummeln. „Hannelore, ich weiß nicht was die Leute immer sagen, dass alles so teuer ist. Hier eine Hose 2 DM, ein Anzug 12 DM." „Helmut sei still, wir sind in einer Chemischen Reinigung."*

Um die Integration von Flüchtlingen werden Kurse angeboten. Für das Thema Mathematik werden noch Freiwillige gesucht. Drei der Bewerber werden zum Vorstellungsgespräch eingeladen.

Erster Bewerber: „Zum Abschluss könnten sie uns ihre mathematischen Fähigkeiten unter Beweis stellen – zählen sie bitte bis 10." „1, 3, 5, 7, 9, 2, 4, 6, 8, 10!" „Warum zählen sie nicht fortlaufend?" „Ich war früher Postbote, da waren eben links ungerade und rechts gerade Hausnummern."

Zweiter Bewerber: Selbe Vorgehensweise – „zählen sie bitte bis 10." „10, 9, 8, 7, 6, 5, 4, 3, 2, 1!" „Warum zählen rückwärts?" „Ich war früher bei der NASA, an der Stelle, an der der Countdown gezählt wurde."

Dritter Bewerber: Selbe Vorgehensweise – „zählen sie bitte bis 10." „1, 2, 3, 4, 5, 6, 7, 8, 9, 10!" Super, wir stellen sie gleich ein, aber wo haben sie denn vorher gearbeitet?" „Ich war in der Staatskanzlei beschäftigt." „Interessant, da haben sie ja immer rechnen müssen!" „Ja natürlich, ich kann da schon noch weiter zählen – 10er, Unter, Ober, König, Ass!"

Der Unterschied zwischen Kapitalismus und Kommunismus? Beim Kapitalismus erfolgt eine Ausbeutung des Menschen durch den Menschen. Beim Kommunismus ist genau umgekehrt!

Kanzler Schröder ist auf einer Wahlkampfveranstaltung präsent; seine Bodyguards räumen das Feld. Schröder beeindruckt: „Prima Arbeit, die ihr da leistet!" „Wir müssen dafür auch kräftig trainieren!" sagt der Sicherheitschef. „Möchten Sie mal zusehen, wie wir trainieren" fragt der Bodyguard. „Selbstverständlich möchte ich das" und geht mit.

Als Sparringspartner sagt der Sicherheitschef zum Kanzler: „Fahren Sie mit den Fingern in meine Augen." Im letzten Moment wehrt der Bodyguard mit seiner Hand den Handangriff ab.

„Und nun schlagen sie mit Ihrem Fuß voll in meine Eier!" „Aber ich will ihnen doch nicht weh tun" „Kein Problem; ich kann mich wehren!"

Mit voller Wucht zieht Schröder mit seinem Fuß. Im letzten Moment fasst der Bodyguard den Fuß und zieht ihn hoch. Der Kanzler schlägt einen Salto und liegt flach am Boden. Er ist sehr angetan über die Leistung.

Am nächsten Abend geht Schröder mit seiner Frau spazieren. Er erzählt ihr vom Erlebnis und bittet sie es mit ihm auszuprobieren. „Und jetzt schlag mir mit dem Fuß voll in die Eier!" „Aber Gerhard!" „Doris mach!"

*Doris zieht voll mit ihren Stöckelschuhen durch und Gerhard wehrt mit Handangriff ab.*

Lafontaine taucht wieder auf! Er verkauft im Saarland eine neue Biersorte: „Hasseschröder Premium Pils".

Der beste Platz für einen Politiker ist das Wahlplakat. Dort ist er tragbar, geräuschlos und leicht zu entfernen.

*Am ersten Schultag in einer amerikanischen High-School stellt die Klassenlehrerin der Klasse einen neuen Mitschüler vor, Sakiro Suzuki aus Japan.*

*Die Stunde beginnt. Die Klassenlehrerin fragt: „Mal sehen, wer die amerikanische Kulturgeschichte beherrscht; wer hat gesagt: 'Gebt mir die Freiheit oder den Tod'?" Mäuschenstill in der Klasse, nur Suzuki hebt die Hand: „Patrick Henry 1775 in Philadelphia." „Sehr gut, Suzuki.*

*Und wer hat gesagt: 'Der Staat ist das Volk, das Volk darf nicht untergehen'?" Suzuki steht auf: „Abraham Lincoln 1863 in Washington." Die Klassenlehrerin schaut auf ihre Schüler und*

139

sagt: „Schämt euch, Suzuki ist Japaner und kennt die amerikanische Geschichte besser als ihr!"

Man hört eine leise Stimme aus dem Hintergrund: „Leckt mich am Arsch, ihr Scheiß Japaner!" „Wer hat das gesagt?", ruft die Lehrerin. Suzuki hebt die Hand und ohne zu warten sagt er: „General McArthur 1942 in Guadalcanal, und Lee Iacocca 1982 bei der Hauptversammlung von Chrysler."

Die Klasse ist superstill, nur von hinten hört man ein „Ich muss gleich kotzen". Die Lehrerin schreit: „Wer war das?" Suzuki antwortet: „George Bush Sen. zum japanischen Premierminister Tanaka 1991 während des Mittagessens, Tokio 1991."

Einer der Schüler steht auf und ruft sauer: „Blas mir einen!" Die Lehrerin aufgebracht: „Jetzt ist Schluss! Wer war das jetzt?" Suzuki ohne mit der Wimper zu zucken: „Bill Clinton zu Monica Levinsky, 1997 in Washington, Oval Office des Weißen Hauses."

Ein anderer Schüler steht auf und schreit, „Suzuki ist ein Stück Scheiße!" Und Suzuki: "Valentino Rossi in Rio beim Grand-Prix-Motorradrennen in Brasilien 2002."

Die Klasse verfällt in Hysterie, die Lehrerin fällt in Ohnmacht, die Tür geht auf und der Direktor kommt herein: „Scheiße, ich habe noch nie so ein Durcheinander gesehen."

Suzuki: „Gerhard Schröder zu Finanzminister Eichel bei der Vorlage des Haushalts, Berlin 2003."

---

**Was kostet das Gehirn eines Facharbeiters? 1000 Euro. Das Gehirn eines Professors – 4000 Euro. Und das Gehirn eines Politikers – 10000 Euro!  -  Sehr wenig benützt!**

# Dein Freund und Helfer

Polizist hält einen LKW-Fahrer an: „Jetzt sage ich Ihnen zum dritten Mal, dass sie Ladung verlieren". Der LKW-Fahrer antwortet: „Und ich sage Ihnen zum dritten Mal, dass ich ein Streufahrzeug fahre".

Zwei Polizisten finden eine Leiche vor dem Gymnasium. Fragt der eine den anderen beim Schreiben des Berichts: „Du, wie schreibt man denn Gymnasium?" Der andere überlegt und sagt: „Weiß ich nicht; ach schleppen wir ihn vor die Post!"

**Was ist der kleinste Bauernhof der Welt?**
**Ein Polizeiauto! Vorne sitzen die Bullen und hinten die armen Schweine!**

Als ich letztens auf der Landstraße dahin heizte (nur 10 km/h zu schnell) bemerkte ich hinter einem Brückenpfeiler einen Polizisten mit einer Radarpistole. Er zog mich raus und fragte: "Na, wo soll`s denn so schnell hingehen?". "In die Arbeit, ich bin verdammt spät dran!" "Ah, ja", sagt der

Polizist, "und was machen sie, wenn ich fragen darf?".

Ich antwortete: "Ich bin Arschlochvergrößerer!". Der Polizist: "Arschlochvergrößerer? Was bitte ist ein Arschlochvergrößerer und wie geht das?" "Naja, ich fange mit einem Finger an und bohre ihn langsam in das Rektum. Dann nehme ich einen zweiten dazu und wenn es genug gedehnt ist, den dritten und vierten und danach die ganze Faust. Wenn die drinnen ist, hat man auch schnell die zweite Faust drinnen und kann dann zum Fuß übergehen. Manchmal nimmt man noch den zweiten Fuß dazu..." Der Polizist: "Was um alles in der Welt macht man mit einem so großen Arschloch?" Und die Antwort: "Man gibt ihm eine Radarpistole und setzt es hinter einen Brückenpfeiler!" Der Strafzettel: 120 Euro!

Der Gesichtsausdruck: Unbezahlbar!

*Der Josef stürmt in die Polizeiwache: „Bitteschön, Herr Wachtmeister, verhaften sie mich. Ich habe meiner Frau das Nudelholz auf den Kopf geschlagen." „Um Gottes Willen!" antwortet der Gendarm erschrocken, „ist sie tot?" „Nein, aber sie könnte jeden Moment kommen!"*

*Ein Gymnasiallehrer, ein Realschullehrer und ein Sonderschullehrer verlieren bei einer Alkoholkontrolle ihren Führerschein. Verzweifelt versuchen sie, die Polizeibeamten auf dem Revier gnädig zu stimmen. Als erster versucht es der Gymnasiallehrer, da er der Klügste*

der Kollegen ist. Aber nach 10 Minuten kommt er wieder heraus und sagt: „Es hat keinen Sinn. Sie geben uns die Führerscheine nicht wieder."
Als nächster versucht es der Realschullehrer, aber auch er kommt nach 10 Minuten mit hängendem Kopf heraus und sagt: „Keine Chance." Schließlich geht der Sonderschullehrer hinein. Nach 5 Minuten kommt er strahlend mit den drei Führerscheinen in der Hand aus dem Polizeirevier. Seine Kollegen sind begeistert und fragen ihn, wie er das denn geschafft habe. Daraufhin der Sonderschullehrer: „Ach, das war eigentlich gar kein Problem. Die sind alle bei mir in die Klasse gegangen."

Ein Polizist hält bei einer Fahrzeugkontrolle ein Auto an und verlangt den Führerschein. Da schreit ihn der Fahrer an: „Wollen Sie mich verkohlen? Letzte Woche haben Sie ihn mir abgenommen und jetzt soll ich ihn vorzeigen!"

Zwei Polizisten gehen mit einem Schäferhund in ein Wirtshaus. Den Hund binden sie draußen an. Nach einer halben Stunde kommt ein Hundezüchterverein. Viele davon besitzen ebenfalls einen Schäferhund und binden ihn draußen an. Als die Polizisten wieder aufbrechen wollen, können sie ihren Hund nicht finden. Da meint der eine Polizist: „Das ist kein Problem." Er geht zu jedem Schäferhund, hebt den Schwanz und sieht darunter. Da meint sein Kollege: „Spinnst du? Wie willst du so

*unseren Hund finden?"*
*Meint der andere ganz trocken: „Ganz einfach, als*
*wir gekommen sind haben alle Leute gesagt, da ist*
*wieder der Hund mit den zwei Arschlöchern!"*

**Die Frau des Polizeipräsidenten fragt ihren Mann: „Warum kommst du heute so spät von der Arbeit?" „Mein Wecker war kaputt und meine Kollegen haben mich nicht geweckt!"**

**Der Unterschied zwischen Terroristen und Polizeibeamten ? – Die Terroristen haben Sympathisanten!**

*Ein Polizist hält einen Wagen an, in*
*dem drei Personen sitzen, und verlangt den*
*Führerschein.*
*Der Fahrer sagt: „Ich habe überhaupt keinen*
*Führerschein!" Seine Frau, die neben ihm sitzt,*
*widerspricht: „Glauben Sie dem kein Wort! Der*
*redet immer so einen Unsinn, wenn er besoffen*
*ist!"*
*Da fängt die Oma auf dem Rücksitz an zu*

> weinen und jammert: „Ich wusste gleich, dass wir
> in dem gestohlenen Auto nicht weit kommen!"

Der Polizist betritt die Bank, tritt hinter den Kunden, der gerade bedient wird und fragt: „Entschuldigen Sie, ist es ihr Wagen, der vor der Bank mit laufendem Motor im Halteverbot steht?" Der Bankkunde kleinlaut: „Ja!" Der Polizist: „Dann heben Sie mal zehn Euro mehr ab!"

Ein LKW-Fahrer ist auf dem Heimweg. Auf einmal steht ein gelbes Männchen am Straßenrand. Er hält an und fragt: „Was möchtest du gerne!" „Ich bin ein schwuler gelber Wicht und habe Durst!"
Der LKW-Fahrer gibt Ihm eine Dose Cola und fährt weiter. Nach 2 km steht ein rotes Männchen am Straßenrand. „Was möchtest du gerne!" „Ich bin ein schwuler roter Wicht und habe Hunger!" Er gibt Ihm ein Brötchen und fährt weiter. Nach 200 m steht ein grünes Männchen am Straßenrand. „Ich weiß, du bist ein schwuler grüner Wicht und was möchtest du?" „Die Fahrzeugpapiere und den Führerschein!"

# *T*atü-tata die Post ist da

**Er:** „Ich habe gesehen, wie du heute jemanden geküsst hast. War es der Postbote oder der Milchmann"?
**Sie:** „War es um sieben oder um neun?"

Das Kind wächst heran und jeder wartet auf das erste Wort. Eines Tages sagt das Kind „Oopaa", zwei Tage später stirbt der Opa. Das zweite Wort des Kindes lautet „Oomaa", zwei Tage später stirbt die Oma. Das dritte Wort des Kindes lautet „Paapaa", am nächsten Tag stirbt der Postbote.

Was ist der perverseste Beruf der Welt? Postbote. Der rennt von einem Schlitz zum anderen, bis der Sack leer ist!

Anruf bei der Polizei:
„Hilfe, in unserem Nonnenkloster gab es eine
Vergewaltigung!"
„Das ist ja schrecklich, wer wurde denn
vergewaltigt?" „Der Postbote."

*Die Frau liest in einer einschlägigen Frauenzeitschrift als übergroße Überschrift: „Männer mit großen Schuhen sind auch sonst nicht ganz ohne!" Sie überlegt: „Der Kaminkehrer, der Stromableser - keine dieser Beiden haben große Schuhe." Es läutet an der Türe; es steht der Postbote da. Ihr Blick geht sofort nach unten und er hat ganz große Schuhe an. Sie wendet Ihre Verführungskünste an und lockt ihn ins Schlafzimmer. Sie liegt schon nackig im Bett und der Postbote kämpft noch beim Ausziehen des Hemdes: „Ach, immer dasselbe bei der Post, die Hemdknöpfe zu klein und die Schuhe viel zu groß!"*

**Was waren die letzten Worte des Postboten? "Braves Hündchen!"**

© Can Stock Photo

„Ich befürchte, meine Frau geht fremd!" „Wie kommst du denn da
drauf?" „Wir sind von Berlin nach München umgezogen und
haben immer noch denselben Briefträger!"

Als der Vater von der Arbeit nach Hause kommt, sagt sein kleiner Sohn zu ihm: „Papa, wenn du mir zehn Euro gibst, sage ich dir, was der Postbote immer zur Mamma

sagt."

Der Vater wird hellhörig und gibt dem Kleinen das Geld. „Nun, was sagt er denn?" „Grüß Gott Frau Maier, ich bring ihnen die Post!"

---

*Was bedeutet eigentlich POST?*
*„Personal Ohne Sinnvolle Tätigkeit !"*

---

# Der Witz in Reimform

*Klospruch:*
*Ist die Rolle dann am Ende,*
*holst im Vorrat du behände*
*eine neue, denn du weißt,*
*dass hier bald ein anderer*
*scheißt.*

Reime

---

Der Vater furzt, die Kinder lachen, so kann man billig
Freude machen.

---

**Gedicht einer Frau:** Müde bin ich, geh zur Ruh, mache meine Augen zu. Lieber Gott bevor ich schlaf, bitte ich Dich noch um was. Schick mir mal 'nen netten Mann, der auch wirklich alles kann. Der mir Komplimente macht, nicht über mein' Hintern lacht, mich stets nur auf Händen trägt, sich Geburtstage einprägt, Sex nur will, wenn ich grad mag und mich liebt wie am ersten Tag. Soll die Füße mir massieren und mich schick zum Essen führen. Er soll treu und zärtlich sein und mein Freund noch obendrein.

**Gedicht eines Mannes:** Lieber Gott, schicke mir eine

taubstumme Nymphomanin, die einen Getränkehandel besitzt und Jahreskarten fürs Stadion hat. Und... es ist mir scheißegal, ob sich das hier reimt oder nicht!

„Mir tut das Herz so weh, wenn ich vom Maßkrug den Boden seh!"

Ein Farmer hatte 4 Töchter. Eines Abends klopfte es an der Tür. Als er die Tür öffnete stand da ein junger Mann und sagte: „Hi, my name is Freddy. I`ve come for Betty. We`re going out for Spaghetti. I hope she`s ready."
Der Farmer fand dies irgendwie süß und ließ die beiden ausgehen. Kurze Zeit später klopfte es erneut und wieder stand ein junger Mann vor der Türe und sagte: „My name is Vance. I`ve come for Nance. We`re going out to a dance. Is she ready by change?"
Auch das fand der Farmer so nett, dass er die

beiden ausgehen ließ.
Bald darauf klopfte es wieder und zum dritten Male stand ein junger Mann da mit den Worten: „My name is Moe. I`m here for Flo. We`re watching

a show. Is she ready to go?"
Wiederum gefiel dem Vater das kleine Gedicht
und ließ die beiden gehen. Nach ein paar Minuten
klopfte es ein viertes Mal und der junge Mann
sprach: „My name is Chuck.... Der Farmer
erschoss ihn.

Ich ging so gern auf die Kampenwand, wenn ich mit meiner
Wamp'n kannt!

Fährst Du rückwärts gegen einen Baum,
verkleinert sich Dein Kofferraum!

Herbert kommt in einen Blumenladen: „Ich
hätte gerne einen Strauß Rosen."
Die Verkäuferin poetisch: „Schenkst du ihr
Rosen, so wird sie dich liebkosen! Schenkst du
ihr Narzissen, so wird sie dich bald küssen."
Darauf Herbert ganz zielstrebig: „Ich habe
mich entschieden, dann hätte ich doch gerne
einen Strauß Wicken!"

Wenn ich den See seh, brauch ich kein Meer mehr!

Drei Ehemänner unternehmen eine mehrtägige Wanderung durch das herbstliche schöne Südtirol. Als sie am Abend gemütlich zusammen an der Hotelbar sitzen und besonders gut gelaunt sind, entschließen sie sich, ihren Ehefrauen eine SMS mit jeweils dem gleichem Inhalt zu schicken:

> „Wenn ich ein Vöglein wär', flög' ich zu dir. Da ich nicht fliegen kann, vögle ich halt hier."

Die Reaktionen der Frauen fielen unterschiedlich aus.

Die erste war sauer und schrieb zurück:

> „Du warst zu Hause schon immer gemein, selbst jetzt beim Wandern bleibst du ein Schwein!"

Die zweite war etwas humorvoller und antwortete:

> „In deinem Schreiben glaub´ ich dir kein Wort, du konntest kaum hier, geschweige denn dort!"

Und die dritte konterte:

> „Du bist kein Vöglein, du bist ein Wanderer, sei ganz beruhigt, mich vögelt ein anderer!"

In Miesbach betritt ein Neger mit einer weißen Nase ein Lokal. „Was möchten Sie trinken", fragt der Schankkellner? *„Ich bin der Weißnasenneger aus Zaire und möchte einen Schnaps und ein Bier"* (aus Angola und möchte gern ein Weißbier und ein Cola).

Nach einer Weile kommt wieder ein Neger mit einem weißen Ohr ins Lokal. „Und was möchten Sie trinken?" *„Ich bin der Weißohrenneger aus Zaire und möchte einen*

*Schnaps und ein Bier."*

Etwas später kommt ein Neger mit einem weißen Finger ins Lokal. Der Kellner sagt: „Ich weiß wer du bist! *Du bist ein Weißfingerneger aus Zaire und möchtest einen Schnaps und ein Bier."*

„Nein, nein. *ich bin der Kaminkehrer aus Fischbachau und komme gerade von Deiner Frau."*

---

*Alle Kinder freuen sich über das Licht, nur nicht*
*Abel, der kam ans Kabel!*

---

Erkenntnis eines Milchbauern:
Die Kuh macht Muh!
Die Kühe machen Mühe!

---

*Die fünf Tipps fürs Leben:*
*Sage was wahr ist, trinke was klar ist, esse was gar ist, sammle was rar ist und bumse was da ist.*

---

Nimm die Schaufel nicht so voll,
wenn die Arbeit reichen soll.

# Schaffe schaffe Häusle baue

Ein Schwabe, ein Schotte und ein Österreicher wetten um einen Euro, wer am längsten tauchen kann. Der Schwabe ist ertrunken.

Schwaben

Ein Schwabe kommt ins Pfandhaus und möchte einen Kredit über 100 Euro aufnehmen. Als Pfand bietet er seinen Mercedes. Dem Pfandleiher kommt die Sache zwar etwas seltsam vor, sagt dem Schwaben aber, er solle sein Auto in die Halle fahren. Einen Monat später möchte der Schwabe sein Pfand auslösen.

„Das macht 100 Euro und 5 Euro Zinsen" sagt der Pfandleiher." „Verraten Sie mir den Sinn der ganzen Aktion?" Sagt der Schwabe: „Ich war in Urlaub, und wo kann ich sonst für 5 Euro einen Monat lang parken?"

Klingelt ein Bettler auf der schwäbischen Alb an der Haustüre. Die Hausfrau öffnet und sagt: „Ja, was isch denn!" Darauf der Bettler:

*„Gute Frau – ich hab seit 3 Tagen nichts mehr gegessen!" Darauf die Schwäbin: „Ha dann messad se sich halt zwenga!"*

*Wie fangen schwäbischen Kochrezepte an ??*
*Man leihe sich einen Topf...*

**Ein Schwabe und ein Berliner sitzen im Flieger nach Afrika nebeneinander. „So, fliegad Sie au noch Afrika?" fragt der Schwabe. „Wie bitte? Sie müssen ein bisschen lauter sprechen, ich hör so schlecht!" „Ob Sie au noch Afrika fliegad?" Der Berliner nickt. Nach 1/2 Stunde meldet sich der Kapitän: „Wir haben jetzt eine Flughöhe von 10.700 Metern erreicht." Der Berliner: „Wat hat er jesacht?" Der Schwabe: „Mir fliegad saumäßig hoch." Wieder 1/2 Stunde später wieder der Kapitän: „Wir haben jetzt eine Außentemperatur von - 59°." Der Berliner: „Wat hat er jesacht?" Der Schwabe: „Drauβa ischs saumäßig kald." Im Landeanflug meldet der Kapitän: „Nun noch ein paar Informationen zur Bevölkerung: 50% haben AIDS und 50% haben chronische Bronchitis." Der Berliner: „Wat hat er jesacht?" Der Schwabe: „Die wo huschtet kosch bumsa!"**

Warum bauen die Schwaben die Schulen auf den Berg?
Damit sie auch mal auf die höhere Schule können.

*Kommt ein Schwabe auf das Standesamt und möchte seinen Namen umändern lassen. Der Beamte fragt ihn: „Warum?" Darauf der Schwabe: „Isch hon da geschdern an Karddong Visidakarda auf dr Schdroß gfonda."*

Der schwäbische Bauer liegt im Sterben. Plötzlich erwacht er vom köstlichen Duft eines Sauerbratens aus seinem Todesschlaf. „Aaach Fraule", sagt er, „bitte sei so guad ond gibb mir ebbes von dem Broada, eh das i sterb!" „Nix do" sagt die Bäuerin, „dr Broada isch für d`Beerdigong!"

Ein Liebespaar verabschiedet sich am Bahnhof. Sie zu ihm: „Gell, scheide tut weh!" Daraufhin er: „Ja, Schwänzle ach!"

Steht ein Schwabe auf der Donaubrücke, sieht einen Mann am Ufer knien und Wasser aus der Donau trinken. Er ruft sofort: „Hey, bischd verruggd. Des Wassr kaschd doch ned suafa. Desch isch do giffdig ond dreggad!"
Der Sachse am Ufer schreit zurück: „Nuh, was haste gesacht?"
Da ruft der Schwabe: „Langsam trinken, das Wasser ist kalt!"

Was ist ein kleines schwäbisches Schwein, das um Hilfe ruft?
Notrufsäule!

Was ist der Unterschied wenn man mit einer Französin oder
einer Schwäbin ins Bett geht? Die Französin sagt am
nächsten Morgen: „Oh, was bist Du für ein guter Liebhaber!
Was für eine wundervolle Nacht!"
Die Schwäbin sagt am nächsten Morgen:
„Gheret die Mebl alle Dir?"

Orgasmus auf Schwäbisch:
Sodele!

 Wie nennt man im Schwabenland einen
gutaussehenden, attraktiven Mann? – Tourist!

# *Was ist das Leben ohne Sex*

**Ein Mann sagt enttäuscht zu einer Prostituierten: „Mensch, du hast aber wenig Holz vor der Hütte!" Sie: „Na ja, um dein Würstchen zu grillen, sollte es reichen!"**

„Unser Nachbar ist ein fleißiger Mann. Ein schönes Haus hat er, einen schönen Garten hat er, ein schönes Auto hat er; aber die schönsten Kinder haben wir." Antwortet seine Frau: „Und die hätten wir auch nicht, wenn der Nachbar nicht wäre!"

Wie kastriert man einen Kühlschrank?

Kühlschrank auf, Eier raus, Kühlschrank zu!

*Ein Mann spricht ein leichtes Mädchen an und fragt nach dem Preis. „50 Euro." „Ich zahle aber nur 20 €." Am nächsten Tag das gleiche Spiel – „ich zahle aber nur 20 Euro." Am Wochenende geht der Mann mit seiner Frau auf der Straße. Auf der anderen Straßenseite steht das leichte Mädchen, welches er angesprochen hatte. Das leichte Mädchen: „Da siehst du nun, was du für 20 Euro bekommst."*

Drei alte Damen gehen ins Schwimmbad und schwimmen
ihre Bahnen so rasant und sportlich, dass den Bademeister
die Augendeckel tropfen.
Fragt er die erste: „Wieso können Sie so gut schwimmen?"
„Mei, ich war früher Vereinsmeisterin!"
Die zweite sagt: „Ich war bayerische Landesmeisterin!"
Von der dritten Schwimmerin ist er ganz hin und weg:
„Also so eine gute Schwimmerin wie Sie habe ich
überhaupt noch nicht gesehen." „Kein Wunder", meint sie
ganz trocken, „ich war früher eine Prostituierte in
Venedig und habe fast nur Hausbesuche gemacht!"

Frau kommt von ihrem Wocheneinkauf aus dem
Supermarkt. Da springt plötzlich ein Exhibitionist auf
sie zu und reißt den Mantel vor ihr auf. Sie schaut ihn
von oben bis unten an und kommt zur Erkenntnis:
„Ach, ich habe die Schrimps vergessen."

Treffen sich zwei Freundinnen: „Ich sage dir, mein Mann wird
immer gamsiger. Neulich hab ich mich über die Kühltruhe
gebeugt, hebt er mir den Rock hoch und packt mich von
hinten."
„Ist doch schön", meint die Andere, „das hat mein Mann auch
schon gemacht."
„Aber doch sicher nicht beim Aldi!"

Eine sehr attraktive Frau kommt in die Apotheke und sieht in der Ecke eine Waage stehen. Sie wirft 10 Cent hinein, wiegt sich und schreit entsetzt auf. Rasch legt sie Jacke und Schal ab, wirft 10 Cent hinein und wiegt sich erneut. Sie zieht Schuhe und Pulli aus, nimmt das nächste 10 Cent Stück und betritt verzweifelt die Waage. Da kommt der Apotheker, stellt sich neben sie und sagt: „Machen sie nur weiter, Süße, ab jetzt geht es auf Kosten des Hauses."

Bei einem Spaziergang im Wald trifft Schneewittchen Pinocchio. Sie überwältigt ihn, wirft ihn zu Boden, fesselt ihn und setzt sich auf sein Gesicht: „Lüg mich an, Süßer, lüg mich an!!!"

„Na, schöne Frau, wohin gehen Sie denn mit Ihren schönen, langen Beinen?" „Wenn nichts dazwischenkommt, ins Kino!"

Zwei Männer gehen zusammen ins Spielcasino. Fragt der eine: „Wie oft hattest du in der letzten Woche Sex?" „Sechsmal!" „Ich auch! Zählen wir zusammen und setzen auf die 12." „Ok."
Die Kugel rollt und es fällt die Null! „Hätten wir beide die Wahrheit gesagt, hätten wir gewonnen!"

Die hübsche Bettina hat in der Wüste von Arizona einen Plattfuß am Auto.
Ein Indianer findet sie und nimmt sie mit auf sein Pferd.
Alle paar Minuten stöhnt er laut auf. Schließlich setzt er sie an einer Autowerkstatt ab, jagt davon und johlt vergnügt.
Der Mechaniker: „Was haben Sie denn mit dem gemacht?"
„Nichts, ich habe hinter ihm gesessen und mich am Sattelknauf festgehalten!"
„Junge Frau, ich will ja nichts sagen, aber Indianer reiten ohne Sattel!"

Ein Drogist klärt seinen Lehrling auf: „Geschäfte macht man nicht mit dem, was die Kundschaft will, sondern indem man zusätzlich etwas verkauft. Ich zeige Dir das gleich bei der nächsten Kundin".
Kundin: „Grüezi, ich brauch ein spezielles Waschmittel für Gardinen." Drogist: „Hier haben wir was Spezielles. Und da noch ein Glasreiniger."
Kundin: „Wozu den Glasreiniger?" Drogist: „Na, wenn schon die Vorhänge strahlen, müssen doch auch die Fenster blitzen!" Kundin: „Sie haben völlig recht, danke vielmals!" Drogist zum Lehrling: „Siehst Du, so wird das gemacht, jetzt kannst Du weitermachen."
Neue Kundin: „Grüezi, ich brauche eine Schachtel

OB. *Der Lehrling sucht, findet die Ware, stellt sie auf den Ladentisch - und dazu einen Glasreiniger. Kundin: „Das habe ich aber nicht verlangt, wozu denn einen Glasreiniger?" Lehrling: „Na wenn Sie jetzt schon nicht bumsen können, haben Sie ja Zeit zum Fensterputzen!"*

Eine neue Metzgerei wird eröffnet. Als Einführungsgeschenk packt der Metzgermeister jedem Kunden ein Paar Wiener Würstchen ein.

Am anderen Tag kommt eine Kundin in die Metzgerei und sagt: ,,Sie haben mir gestern irrtümlich ein Paar Würstchen eingepackt!"

,,Nein, schon gut, das gab's kostenlos zur Einführung!"

,,Ach Gott, und ich hab's gegessen!"

*Die Lehrerin fragt den Maxl: „Maxl, darf ich dir ein Rätsel stellen?" „Aber natürlich, Frau Lehrerin!"*
*„Maxl, auf einer Stromleitung sitzen zwei Spatzen. Wenn ich nun einen Spatzen herunterschieße, wie viel Spatzen sind dann noch übrig?" „Keiner, Frau Lehrerin!" „Wie kommst Du denn auf diese Lösung?" Durch den Knall fliegt der andere Spatz auch weg. „Die Antwort ist falsch, denn einer bleibt übrig, aber die Art wie du denkst gefällt mir." „Frau Lehrerin, darf ich ihnen auch ein Rätsel stellen?"*

*„Aber natürlich Maxl!"*

*„Drei Frauen stehen vor der Eisdiele und schlecken ein Eis in der Waffel. Die erste leckt mir ihrer spitzen Zunge; die zweite saugt das Eis aus der Waffel und die dritte schiebt die ganze Waffel in den Mund – welche dieser drei Frauen ist verheiratet?" Die Lehrerin überlegt und kommt zu dem Schluss, dass die zweite Frau verheiratet ist. „Das ist falsch; die Frau mit dem Ring am Finger ist verheiratet, aber die Art wie sie denken gefällt mir."*

Ein junges Paar lernen sich auf dem Oktoberfest kennen und in Nullkommanix sind sie ganz scharf auf Sex. Sie gehen hinaus und schieben eine Nummer. Wie sie fertig sind, sagt er zu ihr: „Wenn ich gewusst hätte dass du noch Jungfrau bist, hätte ich ein bisschen langsamer gemacht." „Und wenn ich gewusst hätte, dass es dir so pressiert, hätte ich vorher die Strumpfhose ausgezogen!"

---

*„Warum hat denn Mama zwei Höcker unter der Bluse?" fragt der Sohn. „Das sind Ballons, damit wenn sie stirbt, gleich in*

*den Himmel kommt!" sagt der Vater.*
*Einige Tage später ruft der Sohn seinen Vater aufgeregt in der Arbeit an: „Papa, ich glaub die Mama stirbt!" „Wie kommst du denn darauf?" „Der Kaminkehrer bläst die Ballons auf und sie sagt ganz laut: Mein Gott, ich komme!"*

Mann rempelt Frau an der Hotelrezeption an.
Beide gucken etwas verstört. Mann: „Wenn Ihr
Herz so weich ist wie Ihr Busen, werden Sie mir
verzeihen." Frau: „Wenn Ihr Glied so hart ist wie
Ihr Ellenbogen, bin ich in Zimmer 246..."

Die wissenschaftliche Erkenntnis:
„Wer abends gesoffen hat kann morgens
auch arbeiten" ist falsch! Man kann
morgens auch nicht fliegen, wenn man
abends gevögelt hat."

Aufgeregt stürzt der Ehemann ins Schlafzimmer.
„Schnell, Maria, zieh dich an! Das ganze Haus brennt!"
Da ertönt eine tiefe Stimme aus dem Kleiderschrank:
„Rettet die Möbel, rettet die Möbel!"

Warum ist Sex mit der Lehrerin besser als mit der
Krankenschwester?
Die Krankenschwester sagt: „Der nächste bitte!" und
die Lehrerin: „Wir wiederholen das Ganze nochmal!"

Das von den Frauen so beliebte Vorspiel beim Sex ist total unsinnig! Ich hupe ja auch nicht eine Viertelstunde vor der Garage, bevor ich reinfahre!

---

**Wer wird Millionär, letzte Frage für eine Million: „Ist Ihre Frau rasiert?"
Der Kandidat: „Ich nehme meinen letzten Joker und rufe meinen besten Freund an!"**

Mann besoffen an der Hotelbar. Eine hübsche Frau sitzt ihm gegenüber. Nach einigen weiteren Drinks fasst er sich Mut und fragt die Frau. „Würden Sie für 100 Euro mit mir schlafen?" Sie antwortet: „Nein!" „Schade, und ich hätte das Geld so dringend gebraucht."

---

*Bus sollte man sein: Jeden Morgen starker Verkehr, nach Feierabend heftige Stosszeiten und danach kommt er alle 12 Minuten regelmässig.*

---

*Klein Fritzchen schaut durchs Schüsselloch ins Schlafzimmer der Eltern.
Erstaunt meint er: „Und mich schlägt sie, wenn ich nur schon mal am Daumen lutsche!"*

Zwei Frauen unterhalten sich: Klagt die Eine:
„Gestern habe ich mir neue Schuhe gekauft

und heute habe ich Blasen."

Sagt die Andere: „Bei mir ist es umgekehrt;
ich habe gestern geblasen und heute kaufe ich
mir neue Schuhe davon."

Die Menschen kennen heute keine Distanz mehr. Man
schläft ein paar Mal zusammen und schon wird nach dem
Vornamen gefragt.

---

*Die Frau sagt im Bett zu Ihrem Mann:
„Ach, wär das schön wenn Du jetzt geil wärst!"
Er antwortet Ihr: „Ach, wär das geil, wenn Du
jetzt schön wärst!"*

---

Die neue Lehrerin, jung, super hübsch mit einer
Wahnsinns Figur ist der Schwarm aller Jungs in der
Klasse. Heute schreibt sie an die Tafel, als Fritzchen
plötzlich ruft: „Frau Lehrerin ist unter dem rechten
Arm rasiert!" „Fritzchen", sagt sie, „Das war sehr
unartig! Geh nach Hause, heute will ich Dich nicht
mehr sehen!" Ok, Fritzchen geht heim und ist über
diesen freien Tag gar nicht böse.

Am nächsten Tag zeichnet die schöne

Lehrerin etwas mit der linken Hand, und Fritzchen ruft: „Unter dem linken Arm ist sie auch rasiert!"

„Jetzt reicht es mir aber", sagt die Lehrerin. „geh nach Hause! Diese Woche brauchst Du gar nicht mehr aufzutauchen. Und Deine Eltern rufe ich auch an." Fritzchen erlebt 3 wundervolle schulfreie Tage. Am Montag erscheint er wieder im Unterricht.

Bis in die 4. Stunde geht auch alles gut. Da bricht die Kreide ab und die Lehrerin bückt sich, um sie wieder aufzuheben. „Das war's dann Jungs", ruft Fritzchen und nimmt seinen Ranzen, „ich sehe euch nächstes Schuljahr wieder!"

Der Jüngling sieht den Schlossturm hinauf zu seiner Geliebten: „Mareile komm runter!" Mareile: „Nein, ich komme nicht runter!" Jüngling: „Aber Mareile komm runter, ich liebe dich doch." Mareile: „Ich komme nicht runter, du möchtest mich nur vögeln!" Jüngling: „Nein, nein ich möchte dich nicht vögeln!"
Mareile: „Dann komme ich auch nicht runter!!"

*Drei Frauen spielen Golf. Beim vierten Loch liegt ein toter Mann auf dem Rücken; nackt, nur eine Zeitung über dem Kopf.*

*Die erste Frau beugt sich über den Mann: „Das ist nicht mein Mann!"*

*Die zweite: „Genau, das ist nicht dein Mann!"*

*Die dritte: „Ach nein, der ist gar nicht von unserem Club!"*

**Frau liegt nackig am Stand mit gespreizten Beinen. Auf was wartet sie? – Auf eine Seezunge.**

*Ein Fernfahrer geht in ein Bordell und sagt zur Chefin: „Ich möchte die hässlichste Frau für eine Nacht, kalten Hackbraten und drei Dosen Bier. Ich zahle 500,00 Euro." „Für das Geld kriegen sie mein schönstes Mädchen", sagt die Puffmutter. „Damit wir uns nicht missverstehen: Ich bin nicht geil - ich habe nur Heimweh."*

Der Nikolaus kommt zum Maxl. „Bist Du auch

immer schön brav gewesen" fragt der Nikolaus. „Ja"
antwortet der Maxl. „Bist Du auch immer schön brav
ins Bett gegangen?" „Ja" „Schau mal Maxl, das habe
ich alles schon gewusst!" „Woher" fragt der Maxl. „Das
habe ich von Deiner Nasenspitze abgelesen und tippt
mit dem Finger auf die Nase vom Maxl. Ich weiß
auch, dass Du deine Schwester immer geärgert hast".
„Woher weißt Du das?" „Das habe ich von Deiner
Nasenspitze abgelesen."
„Ich weiß auch etwas über dich" sagt der Maxl. „Was
weißt Du denn über mich?" „Ich weiß, dass die
Englein im Himmel keine Höschen anhaben." „Woher
weißt Du denn das?" „Das habe ich an deinen Fingern
gerochen."

**Ein maximal pigmentierter Mann geht ins Bordell. Die
Prostituierte jammert: „Ach Ihr Neger habt alle so einen langen
Schwanz – soll ich dir vielleicht etwas anderes Gutes tun – soll
ich dir einen blasen?" „Ach das kann ich mir ja selber machen."**

Ein schwarz maskierter Mann stürmt ins Gebäude:
„Hände hoch, das ist ein Überfall!" „Aber das ist keine Bank,
das ist eine Samenbank" – antwortet eine Frau. „Das weiß
ich; rüber zum Tresor und aufsperren. Nimm das erste
Samenfläschchen und trinken."
Die Frau trinkt es aus. „Das zweite Fläschchen t r i n k e n !"
Der Mann reißt die Mütze runter und sagt: „Na Erna, geht
doch – und zuhause zierst Du Dich immer so!"

*Ein selbstbewusst aussehender Mann kommt in eine Bar.*
*Er setzt sich an einen Tisch in der Nähe der Bar zu*
*einer sehr attraktiven Frau, wirft ihr einen Blick zu und*
*schaut dann auf seine Uhr.*

*Die Frau bemerkt das und fragt ihn: „Ist Ihre*
*Verabredung spät dran?" „Nein," antwortet der Mann.*
*„Ich habe nur gerade diese hypermoderne State-of-the-art-*

*Armbanduhr gekauft und sie getestet."*
*Die Frau, neugierig: „Was ist das Besondere?" „Nun,*
*sie nimmt über spezielle Alphawellen telepathischen*
*Kontakt zu mir auf und spricht zu mir", erklärt er.*
*„Und was erzählt sie Ihnen gerade?" „Sie sagt, dass Sie*
*kein Höschen anhaben." Die Frau kichert und sagt:*
*„Nun, dann ist Ihre neue Wunderuhr jetzt schon kaputt.*
*Ich trage nämlich im Moment ein Höschen."*
*Der Mann erklärt: „Nein, kaputt ist sie nicht. Sie geht*
*nur 'ne Stunde vor."*

Eine Ehefrau fährt alleine in den Skiurlaub und lernt auch sehr
schnell einen Mann kennen. Sie landen sofort im Bett. Sie lieben sich
und fahren Ski, ....im Wechsel... Nach einer Woche fragt sie: „Wie
heißt du eigentlich?" „Ich heiße Hermann!" Sie: „Und wie ist dein
Nachname?" „Das erzähle ich Dir lieber nicht... es wird nur
Schwierigkeiten geben...und außerdem lachen alle, die meinen
Nachnamen hören...!" Sie: „Ich lache ganz sicher nicht...Bitte sag ihn
mir!" Er zögert und sagt dann schließlich.
„Ich heiße Neuschnee!" Sie kriegt sich nicht mehr ein und lacht sich
halb tot. Er: „Siehst du ich habe es gewusst, auch du lachst über
meinen Nachnamen." Sie: „Nein, ich lache nicht über den Namen,
sondern, dass mein Mann mich verabschiedet hat und sagte: „Ich

*wünsche dir einen schönen Ski-Urlaub und täglich 20cm Neuschnee!"*

Eine Frau spricht einen Mann im Lokal an: „Entschuldigen Sie bitte, aber Sie haben so große Hände, Wahnsinn!" „Bei uns in der Nähe von Göteborg, im Nordland haben alle so große Hände." Sie lernen sich näher kennen und beschließen zu ihm nach Hause zu gehen. Beim Aufstehen sagt sie: „Sind Sie aber groß!" „Bei uns im Nordland sind alle so groß! ..Auto so groß, ...Haus so groß, ... Penis so groß." Nach dem Verkehr zündet er sich eine Zigarette an und fragt: „Aus welcher Ecke des Nordlandes kommst denn Du eigentlich her?"

*Personalchef zur jungen Sekretärin:*
*„Es handelt sich um eine*
*Dauerstellung. Es sei denn, wir*
*machen Pleite oder meine Frau sieht*
*sie." Die Sekretärin: „Herr Direktor,*
*ich habe eine neue Stellung."*
*„Prima, schließen sie die Tür ab."*

Frau geht seit drei Jahren fremd. Immer dienstags trifft sie sich mit Ihrem Liebhaber. Zum dreijährigen

schenkt ihr der Liebhaber einen Pelzmantel. Auf dem Nachhauseweg beschließt sie, den Pelzmantel im Pfandhaus abzugeben, damit der Ehemann nichts erfährt. Am nächsten Morgen erzählt sie ihrem Mann: „Du Liebling, ich habe da einen Zettel vom Pfandhaus gefunden; ich bin neugierig, was es sein könnte."
Er antwortet: „Das kann ich auch machen, ich muss eh in die Stadt." Am Vormittag ruft ihn seine Frau an: „Und, warst Du schon auf dem Pfandhaus?" „Ja, ich kann Dir verraten, es handelt sich um etwas Haariges."
Sie eilt in sein Büro um die Neugier zu bestätigen. „Mach die Augen zu, dann hole ich es." Er legt ihr einen Fuchs um den Hals. Seine Frau „freut" sich. In dem Moment kommt die Sekretärin ins Büro mit dem geschenkten Pelzmantel.

Was ist ‚Ratten'? Das ist ‚mausen', nur mit größeren Schwänzen!

*Zwei Frauen spielen Golf! Nach ganz kurzer Zeit verletzt sich die Eine. Sie kehren sofort zum Clubhaus zurück und der Ersthelfer fragt die Frau: „Wo haben Sie sich verletzt?" „Zwischen dem ersten und zweiten Loch!" „Ah, da hält aber kein Pflaster!"*

**Vorsicht Betrügerinnen!**

Es sind osteuropäische Betrügerinnen mit einer neuen Masche unterwegs, auf die ich bereits reingefallen bin, und ich wollte euch nur warnen! So funktioniert der Trick:

Zwei sehr gut aussehende 18-jährige Mädchen kommen auf dem Rewe-Parkplatz zu deinem Auto während du damit beschäftigt bist, deine Einkäufe in den Kofferraum zu packen. Beide fangen dann an mit Fensterspray und Lappen deine Windschutzscheibe zu reinigen wobei ihnen fast die Brüste aus den BHs fallen.

Wenn du dich mit einem Trinkgeld bedanken willst, dann weisen sie es ab, bitten dich aber, sie zu einem anderen Kaufhaus zu fahren. Du willigst ein und beide steigen auf den Rücksitz. Während der Fahrt fangen sie an, es miteinander zu treiben. Dann klettert eine von beiden auf den Beifahrersitz, öffnet deine Hose und fängt an dir einen zu blasen während die andere von hinten sanft deinen Rücken massiert – und deine Brieftasche stiehlt. Meine Brieftasche wurde letzten Montag, Dienstag, Mittwoch, zweimal am Donnerstag, Freitag, gestern und heute auf diese Art gestohlen!! Sei also auf der Hut!

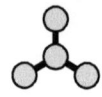

*Zwei Muschies unterhalten sich: „Mir ist zu Ohren gekommen, dass du etwas stark riechst!" „Wer sagt denn sowas?" „Böse Zungen behaupten das!"*

Zwei Penisse sitzen am Frühstückstisch. Sagt der eine: „Bitte reich mir mal die Butter rüber, du stehst gerade!"

**Die meisten Männer mögen: Dessous, Strings, Negligés und Reizwäsche aber.... Sie sehen darin echt bescheuert aus.**

# Echt „tierisch" gute Witze

Gestern ist mir ein Hase ins Auto gelaufen! Er hat wohl weit mehr Karotten in seinem Leben gegessen als ich. Also stimmt es doch nicht, dass man durch Karotten essen besser sieht.

Tierisch

Eine Kompanie der Fremdenlegion in einem entlegenen Sahara-Fort bekommt einen neuen Kommandanten. Er inspiziert das gesamte Fort. Auf seine Frage, warum an der Mauer ein Kamel angebunden sei, antwortete der Spieß: „Das benutzen die Soldaten, wenn sie wieder mal Lust auf ´ne Frau haben!"

Dem Kommandanten erscheint das ziemlich pervers, aber nach sieben Monaten im Fort schnappt er sich eine Kiste und stellt sie hinter das Kamel. Als er die Hose herunterlässt ertönt lautes Lachen. Er dreht sich um und sieht den Spieß und einige Soldaten, die sich vor Lachen krümmen. Wütend sagt er: „Ist das nicht das Kamel, das die Soldaten verwenden, wenn sie geil sind?" Spieß: „Natürlich, aber um damit in die nächste Stadt zu reiten..."

Zwei Fliegen krabbeln auf dem Globus herum. Als sie sich zum zweiten Mal begegnen, sagt die eine zur anderen: „Wie klein die Welt doch ist."

*„Mamma, warum heißt dieses Tier dort eigentlich Wolfshund?" „Weil der Vater ein Hund und die Mutter eine Wölfin war." „Und wie war das denn beim Ameisenbär?"*

Ein Ehepaar bringt einen Papagei vom Urlaub mit und soll ihn nun verzollen. Der Zöllner liest aus den Bestimmungen laut vor: „Papagei ausgestopft – zollfrei, Papagei lebendig – 500 Euro!"
Da krächzt der Vogel aus seinem Käfig: „Hey Leute, macht bloß keinen Scheiß!"

*Der Großwildjäger geht auf Löwenjagd. Er wird eingekreist von einer Herde junger Löwen, die ihn dazu bewegen als letzten Ausweg auf den Baum zu klettern. Die Löwen rufen ihre Mutter, um ihr die Beute zu zeigen. Daraufhin die Mutter: „Wie oft habe ich euch gesagt, mit dem Essen spielt man nicht!"*

*Zwei Spatzen sitzen im Biergarten und ratschen gemütlich miteinander. Auf einmal fliegt ein Düsenflieger drüber. „Dem pressiert es aber", meint der eine Spatz. „Ja,*

*logisch", meint der andere, "schau nur grad hin, wie den
der Arsch brennt!"*

Schäferhund und Dackel treffen sich
in der Tierarztpraxis. „Warum bist du denn hier?" fragt der
Schäferhund den Dackel.
„Ja mein Herrchen wohnt auf einem Schloss und
alljährlich lädt er zur Treibjagd ein. Die Tür zum
Speisesaal war einen Schlitz auf und ich sprang auf die
lange Tafel und kostete von jedem. Auf einmal verspürte
ich einen Schlag auf meinen Rücken. Mein Herrchen
brüllte: „Bringt den Hund sofort zum Tierarzt –
Einschläfern!"
„Und Du, warum bist du denn hier?" fragt der Dackel den
Schäferhund. „Mein Frauchen und ich sind ganz alleine. Sie
geht immer sehr lange fort und nach dem Ausschlafen
gehen wir zusammen ins Bad. Beim ausgiebigen Duschen
entgleitet meinem Frauchen die Seife, sie bückte sich und ich
konnte bei dem Anblick nicht wiederstehen – ich fiel über
sie her." „Oh, dann wirst du sicher auch eingeschläfert!"
„Nein, was ich nur gehört habe, sollten die Nägel etwas
geschnitten und gefeilt werden."

> *Zwei Gockel treffen sich. Meint der eine: „Wie sieht es aus, gehst du mit in den Wienerwald, nackte Weiber anschauen?"*

Ein Bauer wollte selber Schafe züchten. Er kaufte sich 8 Schafe und einen Schafbock dazu. Doch die Schafe vermehrten sich auch nach einigen Wochen nicht. Er ging mit dem Schafbock zum Tierarzt und der erklärte ihm, dass sein

Schafbock impotent sei.

Der Arzt sagte: „Sie müssen die Schafe künstlich befruchten." Der Bauer ging wieder nach Hause und überlegte: Künstlich befruchten, was ist das??? Er wollte aber dem Tierarzt nicht mehr fragen, weil er sich schämte. Plötzlich dachte er, künstlich befruchten, da muss ich selber ran. Er lud also alle 8 Schafe auf den LKW und fuhr in den Wald. Dort nahm er jedes Schaf einmal und fuhr wieder nach Hause. Daheim telefonierte er dem Tierarzt und sagte ihm, dass er die Schafe nun künstlich befruchtet hätte.

Er fragte dem Arzt wie er nun merkte, dass die Schafe schwanger seien. Der Arzt sagte: „Sie stehen nicht mehr einzeln auf der Weide sondern eng zusammen in der Gruppe?" Sofort schaute der Bauer am nächsten Morgen zum Fenster hinaus, was die Schafe so machen. Doch leider stand jedes Schaf einzeln auf der Weide. Der Bauer packte die Schafe wieder auf den LKW und fuhr in den Wald. Dort nahm er jedes Schaf zweimal. Müde fuhr er nach Hause. Doch am nächsten Tag stand wieder jedes Schaf einzeln auf der Weide. Der Bauer konnte es kaum glauben. Am nächsten Tag fuhr er wieder mit dem LKW in den Wald und packte jedes Schaf dreimal. Total erschöpft fiel er ins Bett.

Am nächsten Morgen konnte er gar nicht mehr aufstehen, er sagte zu seiner Frau:

„Schau mal aus dem Fenster und sag mir was die Schafe machen." Die Bauersfrau schaute aus dem Fenster und sagte: „Die Schafe machen etwas ganz komisches!" Der Bauer ganz hoffnungsvoll: „Sie stehen sicher ganz eng in der Gruppe? Nein, nein ... alle Schafe sitzen auf dem LKW und eines hupt ganz wild!"

---

*Zwei Filzläuse treffen sich; Die eine total verschnupft mit roter Nase und ganz zittrig. „Was ist denn mit dir passiert?" fragt die andere.*

*„Oh, ich habe mich im Bart eines Motorradfahrers eingenistet und der fährt bei jedem Wind und Wetter - ich komme von einer Erkältung gleich in die nächste."*
*„Mach es doch wie ich! Ich habe mich bei einer Frau zwischen den Beinen eingenistet. Ich kann dir sagen, immer schön warm, gleichbleibende Temperaturen, ich bin immer herrlich ausgeschlafen."*
*Die beiden gehen auseinander. Am nächsten Tag treffen sie sich wieder. Gleiche Situation - die eine*

*Filzlaus schlottert vor Kälte. „Hast du meinen Rat denn nicht befolgt?"*
*„Doch ich bin gleich nach unserem Treffen auf eine Frau gehüpft, zwischen dem Busen hinunter, am Nabel vorbei und als ich unten angekommen bin, war ich sehr erschöpft und bin gleich eingeschlafen. Als ich aufwachte, saß ich im Bart des Motorradfahrers."*

*Trifft ein Schaf auf der Wiese einen Rasenmäher und sagt: „Mäh!" Meint der Rasenmäher beleidigt: „Du kannst mir gar nichts anschaffen!"*

*Vater Hai ist mit seinem Sohn unterwegs. Plötzlich schwimmt über ihnen eine Gruppe Menschen. Sagt Vater Hai: „So, mein Sohn, nun tauchen wir soweit auf, dass nur die obere Hälfte unserer Rückenflosse zu sehen ist und drehen zwei drei Runden um die Schwimmer!" Gesagt, getan! Vater Hai: „So, und nun machen wir das nochmal, lassen aber die ganze Rückenflosse rausschauen!"*
*Also drehen sie nochmals ein paar Runden um die Schwimmer und tauchen dann wieder ab. Vater Hai: „Nun, mein Sohn, von unten ran und fressen!" Das*

> *machen sie mit Genuss. Alle Schwimmer werden gefressen und die beiden dümpeln sattgefressen so vor sich hin...*
>
> *Fragt der Sohn: „Aber warum haben wir zweimal diese Runden um die Schwimmer gezogen, wir hätten sie doch problemlos gleich fressen können?" Antwortet der Vater: „Ganz einfach, Leergeschissen schmecken sie einfach besser!"*

Drei Bullen, Jungbulle, Vaterbulle und Seniorbulle stehen auf der Weide als sie plötzlich eine Herde Kühe entdecken. Der heißspornige Jungbulle: „Auf sie mit Gebrüll, die kommen uns gerade recht!" Der Vaterbulle: „Ruhe, lasst uns die erst mal Ansehen, dann sehen wir weiter." Der betagte Seniorbulle: „Jungs, wenn wir uns leise umdrehen, könnten wir noch verschwinden ohne dass sie uns bemerkt haben."

*Mann mit Hund in der Wirtschaft. Nach ein paar Bierchen mit seinem Kumpel kommt er auf seinen Hund zu sprechen. „Mein Hund der Bello, wenn wir auf eine hübsche Frau treffen und ich ihm sage ‚Bello Bumms' dann macht er sich über die Frau*

her." Sein Kumpel kann das nicht glauben und sie gehen nach
draußen und warten auf den Gehweg bis eine Frau
vorbeikommt. Als eine Frau des Weges kommt, gibt er sein
Kommando: „Bello Bumms". Der Hund rührt sich nicht von
der Stelle.

Und nochmals: „Bello Bumms". Der Hund zuckt nur kurz mit
den Ohren.

Der Mann macht den Gürtel seiner Hose auf und sagt:
„Also, einmal mach ich es dir noch vor!"

Ein kleiner Hase rennt durch den Urwald,
als er plötzlich eine Giraffe sieht, die sich
einen Joint dreht. Der Hase hält an und
sagt zur Giraffe: „Giraffe mein Freund,
rauch nicht diesen Joint, komme lieber mit
mir laufen, das ist gut für die Form." Die
Giraffe überlegt eine Minute und
entscheidet den Joint wegzuwerfen und dem
Hasen zu folgen.

Als sie so zusammen laufen, bemerken sie
einen Elefanten der gerade im Begriff ist
eine Line Kokain reinzuziehen.

Der Hase nähert sich ihm und sagt: „Mein
lieber Freund Elefant, hör doch auf das
Kokain zu sniffen, komm lieber mit uns
joggen, das ist besser für die Gesundheit."
Der Elefant überlegt nicht lange und wirft
seinen Spiegel und das Röhrchen weg und

*schließt sich den beiden an.*
*Unterwegs treffen die drei Tiere einen*
*Löwen der sich darauf vorbereitet Heroin*
*zu spritzen. Darauf der Hase: „Löwe, mein*
*Freund, spritz dich nicht mehr. Komm doch*
*lieber mit uns mit in den Urwald ein*
*bisschen joggen, das ist gesünder und man*
*behält die Form." Daraufhin nähert sich der*
*Löwe dem Hasen und gibt ihm solch eine*
*Ohrfeige, dass dieser sich halb benommen*
*einige Meter weiter wieder findet.*

*Die zwei anderen Tiere sind ob dieser Tat*
*des Löwen entrüstet und lehnen sich gegen*
*den Löwen auf. „Wieso hast Du das getan?*
*Der Hase versucht doch nur uns zu helfen!"*
*Daraufhin antwortet der Löwe: „Dieser*
*Spinner zwingt mich jedes Mal wie ein*
*Wilder durch den Urwald zu rennen, wenn*
*er Speed geschluckt hat!"*

Ein Einbrecher ist gerade bei einem
Einbruch als er plötzlich von einer Stimme
erschreckt wird: „Vorsicht, Jesus sieht dich!" Er
durchsucht den Raum mit seiner Taschenlampe
und entdeckt in einer Ecke des Raumes den
Papageienkäfig. Der Einbrecher zum Papagei:

„Warst du das etwa? Kannst du sprechen? Wie heißt du denn?"
„Hansi Hinterseer." „Das ist ein total bescheuerter Name für einen Papagei!" Darauf der Papagei: „Ja, aber Jesus ist auch ein total bescheuerter Name für eine Bulldogge!"

Ein Hund und eine Schnecke bemühen sich um die Aufnahme als Beamte! Zu diesem Zwecke erscheinen sie vor der Aufnahmekommission. Als erstes wird der Hund aufgerufen. Nach ca. 10 Minuten verlässt der Hund mit hängendem Kopf das Zimmer. Die Schnecke fragt ihn was denn los sei, der Hund meint nur monoton, er denke nicht, als Beamter aufgenommen zu werden. Als nächstes wird die Schnecke aufgerufen.
Ruhig, langsam und gemächlich betritt sie den Raum. Nach fünf Minuten kommt sie wieder heraus und strahlt über das ganze Gesicht. Fragt der Hund die Schnecke: „Und, wie lief es bei dir?" Schnecke darauf: „Du wirst es nicht glauben, ich habe den Job, ich bin geeignet." Hund zur Schnecke: „Warum du und nicht ich?" Darauf die Schnecke: „Ist eigentlich ganz einfach........ Faule Hunde, sagen sie, haben sie genug - aber für ein paar kriechende Schleimer ist immer wieder Platz........."

„Siebenmal habe ich jetzt schon die Stute zum Hengst gebracht –

> *ohne Erfolg", sprach der Pferdewirt! „Das Vieh wenn so weiter*
> *macht, vervögelt es mein ganzes Anwesen."*

*Drei Katzen treffen sich zum gemeinsamen Fressen. Die erste Katze ist die eines Architekten, die zweite Katze ist die eines Chemikers und die dritte Katze ist die eines Regisseurs.*

*Alle drei sitzen vor ihren Futternäpfen voller Brekkies. Die Katze des Architekten nimmt die Brekkies, baut damit 4 Wände, zieht einen Boden ein, setzt ein Dach drauf und umzäunt es mit den restlichen Brekkies. Als sie fertig ist bewundert sie ihr Machwerk und frisst es auf.*

*Die Katze des Chemikers nimmt die Brekkies, zerkleinert sie, gibt sie in einen Glaskolben, fügt etwas Flüssigkeit hinzu und löst das Ganze unter ständigem Rühren auf. Als sie fertig ist, bestaunt sie die Lösung und trinkt sie aus.*

*Die Katze des Regisseurs nimmt die Brekkies, pulverisiert sie, nimmt einen Strohhalm, zieht sich den Stoff durch die Nase, vögelt die anderen beiden Katzen und schreit: „Ich kann so nicht arbeiten!"*

**Der Elefant fragt das Kamel: „Warum hast Du denn die Möpse auf dem Rücken?"**

**„Hmmm" sagt das Kamel, „eigentlich eine komische Frage von jemandem, der den Pimmel**

> mitten im Gesicht hat ..."

**Welche Vögel haben als einzige behaarte Eier? Die Kastelruther Spatzen!**

Im Zoo bricht der Bär aus. Große Verfolgungsjagd durch die Stadt. Im Stadtpark klettert der Bär auf einen Baum. Der Polizist gibt einem Passanten die Dienstwaffe und die Handschellen mit den Worten: „Ich klettere jetzt hoch und schüttle den Baum. Wenn der Bär dann herunterfällt, wird ihn mein Polizeihund in die Weichteile beißen. Das ist der Moment, wo sie dem Bär die Handschellen anlegen können."

Der Passant fragt: „Und was mache ich mit der Pistole?" „Sollte ich als Erster herunterfallen, so erschießen sie bitte sofort den Hund!"

*Mann kommt ganz aufgeregt zur Polizeistation: „Herr Wachtmeister, ich habe meine Frau geamselt!"*
*Wachtmeister: „Ich weiß nicht, was Sie damit meinen!"*
*Mann: „Ich weiß es jetzt auch nicht mehr, aber es hat was mit Vögel zu tun."*
*Wachtmeister: „Ich weiß es, Sie haben ihre Frau gevögelt!"*
*Mann: „Nein, nein, aber jetzt fällt es mir wieder ein – ich habe meine Frau erdrosselt!"*

*Statistik ist: Wenn der Jäger am Hasen einmal links und einmal rechts*

*vorbeischießt, dann ist der Hase im Durchschnitt tot.*

Der Kölner Kardinal stirbt. Er vermacht seinen Papagei dem Papst. Dieser Papagei hatte die Angewohnheit, jeden Tag in der Früh, wenn der Kardinal ins Zimmer kam, zu sagen: „Guten Morgen, Eminenz". Wie sein Käfig nun im Arbeitszimmer des Papstes steht, macht er genau das gleiche. Jeden Morgen: „Guten Morgen, Eminenz." Der ganze Vatikan ist entrüstet, dass der Papagei nicht „Guten Morgen, Eure Heiligkeit" sagt. Sie probieren alles Mögliche, um dem Papagei den neuen Spruch beizubringen - vergebens.
Schließlich meint ein Berater des Papstes: „Weißt Du was, morgen in der Früh gehst Du in vollem Ornat mit Mitra, Hirtenstab, prunkvollem Messgewand usw. ins Arbeitszimmer, dann ist der Papagei sicher so voller Ehrfurcht, dass ihm gar nichts anderes übrig bleibt, als „Heiligkeit" zu sagen." Gesagt, getan, am nächsten Morgen schleppt sich der Papst voll behangen mit kirchlichem Klunker ins Arbeitszimmer. Der Papagei scheint zuerst etwas verwirrt zu sein. Dann ruft er: „Kölle Alaaf, Kölle Alaaf!"

Mann frägt einen kleinen Jungen: „Hallo, du bist doch der Sohn vom Ziegenficker?" Der Junge antwortet: „Nee ee ee!"

Ein Dackel wackelt den Weg entlang und singt und pfeift: „Es ist so schön ein Schwein zu sein". Da kommt ihm eine Schildkröte entgegen und sie meint:
„Du bist doch ein Dackel und kein Schwein". Da packt der Dackel die Schildkröte und nimmt sie ganz schön her. Die rastet aus und schreit: „Du Schwein, Du". Der Dackel wackelt weiter und singt: „Es ist so schön ein Schwein zu sein".

Eine Giraffe und ein Hase treffen sich. Die Giraffe zum Hasen: „Wie siehst du denn aus? Viel zu lange Ohren, gebückte Haltung und keinen Hals." Bei mir, mit dem langen Hals habe ich den vollen Genuss; wenn ich Blätter esse, spüre ich den Saft des Blattes von oben bis runter zum Magen. Oder wenn ich trinke, prickelt es im vollen Genuss." Der Hase fragt: „Und wenn Du kotzen musst?"

Im Flieger fragt der Mann die Stewardesse: „Fräulein, könnte ich ein Bier haben?" Sie dreht sich auch nach dem 2. Fragen nicht um. Da schreit sein Papagei: „He, du Schlampe, ein Bier."

Das Bier wird sofort serviert. Nach einer Stunde fragt der Mann noch einmal: „Könnte ich noch ein Bier haben?" Keine Reaktion!

Der Papagei: "Schlampe, noch ein Bier!" Das Bier wird serviert. Nach einer Weile ruft der Mann selbst: „Hey Schlampe, ein Bier, aber sofort!" Die Stewardesse dreht sich um und wirft den Papagei und den Mann aus dem Flugzeug.

Der Papagei fliegt am Mann vorbei: „Nicht fliegen können, aber eine große Klappe riskieren!"

# Alles rund um das Zölibat

Frau geht zum Pfarrer.
„Herr Pfarrer, mein Mann
betrügt mich immer wieder,
was soll ich tun?" Pfarrer:
„Vergeben, vergeben und
nochmals vergeben!"
Frau: „Ich habe es schon
dreimal versucht, aber er
isst mir das Gift einfach
nicht!"

Zölibat

Eine Frau sitzt im Flugzeug neben einem Pfarrer. „Vater",
sagt sie, „darf ich Sie um einen Gefallen bitten?" „Gerne,
wenn ich kann, meine Tochter."
„Also wissen Sie, ich habe mir einen sehr teuren und ganz
besonders guten Rasierapparat für Damen gekauft, der ist
aber noch ganz neu und jetzt fürchte ich, dass ich beim
Zoll einen Haufen Abgaben dafür zahlen muss. Könnten
Sie ihn vielleicht unter ihrer Soutane verstecken?"
„Das kann ich schon, meine Tochter, das Problem ist nur:
ich kann nicht lügen."
Na ja, denkt sich die Frau, irgendwie wird das schon
klappen, und sie gibt ihm den Rasierer.
Am Flughafen fragt der Zollbeamte den Pfarrer, ob er
etwas zu verzollen hat. „Vom Kopf bis zur Mitte nichts zu
verzollen, mein Sohn!", versichert der Pfarrer. Etwas

erstaunt fragt der Zollbeamte: „Und von der Mitte abwärts?" „Da unten", sagt der Pfarrer, „habe ich ein Gerät für Damen, das noch nie benutzt wurde." Der Zollbeamte lacht schallend und ruft: „Der Nächste bitte…"

„Ich muss dir etwas sagen, ich habe mich verliebt" beichtet der Simon seinem Vater. „Ja Sohn, in wen denn?" fragt der Vater neugierig. „Ich trau es mir gar nicht sagen", drückt der Simon umher. „Ach komm, stell dich nicht so an! Ist es die Maria?" „Nein!" „Oder die Resi vom Bräu?" „Nein, auch nicht!" „Oder gleich die Angie vom Heimerer Schorsch, die Schnalle, die hässliche?"
„Nein Vater, Vater ich habe mich in den Kevin verliebt, in den Kreitmeier Kevin!" „Ja, du Saubub, du misslungener, der ist doch evangelisch!"

Drei junge Klosterschwestern fahren im Klosterhof mit dem Fahrrad und kichern in einem fort. Auf einmal reißt die Schwester Oberin ihr Fenster auf und schreit: „Wenn jetzt nicht gleich Ruhe ist, kommen die Sättel wieder drauf!"

„Kinder, was muss man tun bevor man zum Beichten

geht?" fragt der Pfarrer die Kinder im
Kommunionunterricht.
Der Schöttl Korbinian weiß die Antwort: „Sündigen!"

---

*Vier Frauen sitzen beim Kaffeeklatsch und unterhalten sich, wie wichtig ihre Söhne sind.*

*Die erste prahlt: „Mein Sohn ist Priester. Wenn er einen Raum betritt, sagen die Leute zu ihm: Hochwürden!"*
*Die zweite ganz stolz: „Mein Sohn ist Bischof. Wenn er einen Raum betritt, sagen die Leute: Eure Exzellenz!"*
*Die Dritte: „Mein Sohn ist Kardinal. Wenn er einen Raum betritt, sagen die Leute: Eure Eminenz!"*
*Die vierte nippt still an ihrem Kaffee. Die anderen schauen sie fragend an. Dann sagt sie: „Mein Sohn ist ein gut aussehender, 1,90 m großer Stripper. Wann immer er einen Raum betritt, sagen die Leute: Oh, mein Gott!"*

---

*Ein Hippie setzt sich im Bus neben einer Klosterschwester und fragt sie direkt: „Hey Mädchen, wie sieht es aus, poppen wir eine Runde?" Sagt die Klosterschwester: „Nein, ich bin eine Dienerin des Herrn!" Der Hippie gibt nicht auf und probiert es nochmals, aber die Nonne bleibt standhaft. Wie der Hippie aussteigt, hält ihn der Busfahrer auf und sagt: „Wenn du die Klosterschwester poppen willst, geb ich dir einen heißen Tipp: Sie geht jeden Abend um zehn auf den Friedhof zum Beten.." Am Abend setzt der Hippie den Ratschlag des Busfahrers um; geht im*

Jesusgewand auf den Friedhof und sieht tatsächlich die
Klosterschwester, wie sie am Boden kniet und betet.

Der Hippie geht zur Klosterschwester und sagt:
„Ich bin Jesus und habe vom Chef die Weisung, dass ich
dich poppen soll!" Sagt die Nonne: „Wenn du wirklich
Jesus bist, dann packst du mich aber von hinten, denn ich
bin so ehrfürchtig und könnte dir nicht in die Augen
schauen!" Nach fünf Minuten reißt sich der Hippie sein
Jesusgewand vom Leib und ruft: „Ha, ha, reingefallen, ich
bin gar nicht Jesus, sondern der Hippie!" „Fragt sich bloß,
wer da reingefallen ist", sagt die Nonne und lacht, „ich bin
der Busfahrer!"

Ein evangelischer und ein katholischer
Geistlicher gehen in ein Bordell. Der
evangelische geht hinein und kommt
schnell wieder heraus: „Hui, die ist aber
um einiges besser als meine Eleonore!"
Geht der katholische rein und kommt
nach 15 Minuten wieder raus: „Ja, du hast
recht!"

Der Pfarrer schimpft in seiner Predigt auf die
Mitglieder des Burschenvereins: „Ihr schaut bloß
immer auf das Äußere, auf die Augen, auf die
Figur und auf das Gewand!
Ich sage euch: Schaut mehr auf das, was
darunter ist!"

*Die noch ziemlich unbedarfte, um nicht zu sagen jungfräuliche Kathi beichtet dem Dorfpfarrer ganz leise und zaghaft: „Hochwürden, ich habe mich in den Beni, unseren Nachbarsjungen, verliebt." „Kind", ermahnt sie der Geistliche, „den musst du lassen!"*
*„Würde ich ja gerne, aber der Depp traut sich nicht!"*

Ein Pfarrer hat in den Niederlanden zwei Pfund Kaffee gekauft. Kurz vor der Grenze denkt er sich: Schmuggeln will ich nicht und lügen darf ich nicht. Also klemmt er sich den Kaffee unter die Arme.
An der Grenze wird er gefragt: „Na, Hochwürden, haben Sie in Holland was eingekauft?"
„Ja, zwei Pfund Kaffee, aber den habe ich unter den Armen verteilt!"

Der Papst kommt bei seiner USA Reise am Flughafen an. Am Rollfeld steht er auf der Gangway und begrüßt die Menschenmasse. Alle schreien: „Elvis, Elvis!" Der Papst: „Halleluja, ich bin nicht Elvis, ich bin der Pa..Pa..Papst."
Mit dem Papstmobil geht es durch die Innenstadt; alle rufen: „Elvis, Elvis." Der Papst: „Halleluja, ich bin nicht Elvis, ich bin der Pa..Pa..Papst."
Im Hotel angekommen, geht der Papst auf sein Zimmer. Im Zimmer erwarten ihn seine größten

weiblichen Fans. „Elvis, Elvis, Elvis!" Der Papst:
„Halleluja , ich bin nicht Elvis, ich bin der
Pa..Pa..Pa..Papapaluba, da bing beng bong."

*Drei Wanderer verirren sich im Gebirge. Nach einigen Stunden umherirren, die Dämmerung bricht ein, finden sie zufällig ein Bergkloster. Dort angekommen sprechen sie mit der Oberin: „Wir haben uns in den Bergen verirrt, und da es dunkel wird, würden wir gerne hier übernachten!" Die Oberin ist einverstanden, möchte die Wanderer allerdings einem Keuschheitstest unterziehen. Sie befiehlt den Wanderern sich auszuziehen und bindet ihnen ein Glöckchen um das beste Stück. Anschließend lässt sie einige nackte Nonnen vorübergehen.*
*Erste nackte Nonne...*
*Zweite nackte Nonne...*
*Dritte nackte Nonne... Bimm Bimm!*
*Entsetzt setzt die Oberin den Wanderer vor die Tür.*
*Vierte nackte Nonne...*
*Fünfte nackte Nonne...*
*Sechste nackte Nonne... Bimm Bimm!*
*Auch der zweite Wanderer fliegt raus.*
*Siebte nackte Nonne...*
*Achte nackte Nonne...*
*Neunte nackte Nonne...*

*Zehnte nackte Nonne...*
*„Gut", sagt die Oberin „sie haben bestanden und können*
*hierbleiben! Aber sicherheitshalber schlafen sie beim*
*Gärtner!"*
*Bimm Bimm Bimm!*

Der Mesner und der Kaplan haben zu viel Wein getrunken und
fallen beim Nachhause gehen in den Graben.
Fragt der Mesner den Herrn Kaplan: „Herr Kaplan, glauben Sie
eigentlich an die Auferstehung?"
Kaplan: „Die nächsten zwei Stunden auf alle Fälle nicht!"

Immer häufiger kommt ein fremder Mann zu Mami und die
Beiden verschwinden im Schlafzimmer. Eines Tages versteckt
sich der 8-jährige Sohn im Kleiderschrank um zu beobachten
was die Beiden so machen. Auf einmal kommt der Ehemann
überraschend nach Hause. Vor Schreck versteckt die Frau den
Liebhaber ebenfalls in diesem Schrank.
Der Sohn: „Dunkel hier drin." Der Mann flüstert: „Stimmt."
Der Sohn: „Ich habe einen Fußball." Der Mann: „Schön für
dich." Der Sohn: „Willst du den kaufen?" Der Mann: „Nein,
vielen Dank." Der Sohn: „Mein Vater ist draußen." Der
Mann: „Ok wie viel?" Der Sohn: 100 Euro."
In den nächsten Wochen passiert es noch mal dass der Sohn
und der Liebhaber im gleichen Schrank enden.
Der Sohn: „Dunkel hier drin." Der Mann: „Stimmt." Der
Sohn: „Ich habe Turnschuhe." Der Mann: In Erinnerung
gedanklich seufzend: „Wie viel?" Der Sohn: 150 Euro."

Nach ein paar Tagen sagt der Vater zu seinem Sohn: „Nimm Deine Fußballsachen und lass uns eine Runde spielen."

Der Sohn: „Geht nicht, habe alles verkauft." Der Vater: „Für wie viel?" Der Sohn: 250 Euro." Der Vater: „Es ist unglaublich wie du deine Freunde betrügst. Das ist viel mehr als die Sachen jemals gekostet haben. Ich werde Dich zum Beichten in die Kirche bringen." Der Vater bringt seinen Sohn in die Kirche zur Beichte setzt ihn in den Beichtstuhl und schließt die Tür.

Der Sohn: „Dunkel hier drin." Der Pfarrer: „Hör auf mit der Scheiße......"

Der Pfarrer betroffen: „Mein Sohn, ich fürchte, wir werden uns nie im Himmel begegnen." „Nanu, Herr Pfarrer, was haben sie denn ausgefressen?"

Ein Mönch und eine Nonne reiten auf einem Kamel durch die Wüste.

Plötzlich fällt das Kamel tot um. Mönch und

Nonne sehen ein, dass es keinen Sinn mehr hat weiterzulaufen und machen sich auch zum Sterben bereit.

Der Mönch: „Wenn ich schon Sterben muss möchte ich wenigstens einmal im Leben eine Frau nackt gesehen haben"
Die Nonne versteht ... und zieht sich nackt aus. Die Nonne: „Erfülle mir auch diesen einen Wunsch" Der Mönch zieht sich ebenfalls aus. Als sie sein Ding erblickt, fragt sie wozu das da wäre. Der Mönch entzückt: „Wenn ich das bei dir rein stecke entsteht neues Leben!" Darauf die Nonne:
„Dann stecke es doch ins Kamel und lass uns weiterreiten!"

# Ente

# Witzesammlung

# Witzesammlung